北大保险时评书系

北大保险时评 2018—2019

孙祁祥 等 著

北京大学出版社
PEKING UNIVERSITY PRESS

图书在版编目(CIP)数据

北大保险时评.2018—2019/孙祁祥等著.—北京:北京大学出版社,2019.9
(北大保险时评书系)
ISBN 978-7-301-30654-3

Ⅰ.①北…　Ⅱ.①孙…　Ⅲ.①保险业—中国—2018—2019—文集
Ⅳ.①F842—53

中国版本图书馆 CIP 数据核字(2019)第 177300 号

书　　　名	北大保险时评(2018—2019)
	BEIDA BAOXIAN SHIPING(2018—2019)
著作责任者	孙祁祥　等著
责 任 编 辑	赵学秀
标 准 书 号	ISBN 978-7-301-30654-3
出 版 发 行	北京大学出版社
地　　　址	北京市海淀区成府路 205 号　100871
网　　　址	http://www.pup.cn
微信公众号	北京大学经管书苑(pupembook)
电 子 信 箱	em@pup.cn　　　QQ:552063295
电　　　话	邮购部 010-62752015　发行部 010-62750672
	编辑部 010-62752926
印 刷 者	三河市北燕印装有限公司
经 销 者	新华书店
	730 毫米×1020 毫米　16 开本　13 印张　140 千字
	2019 年 9 月第 1 版　2019 年 9 月第 1 次印刷
定　　　价	39.00 元

未经许可,不得以任何方式复制或抄袭本书之部分或全部内容。
版权所有,侵权必究
举报电话:010-62752024　电子信箱:fd@pup.pku.edu.cn
图书如有印装质量问题,请与出版部联系,电话:010-62756370

目录 CONTENTS

理论综合

传承历史,创新未来
　　——写在保险业改革、开放、发展四十年之际　孙祁祥/3
2018年中国保险业回眸与思考　　　　　　　　郑　伟/13
养老责权需由政府向个人转移　　　　　　　　陈　凯/24
多方面拓展保险市场的风险保障功能　　　　　刘新立/28
保险业的全球化过程与中资保险公司的进路　　贾　若/33
谈谈保险的组织形式创新
　　——"人合组织"对保险业或有特殊重要性　锁凌燕/38

行业发展与规划

打好保险业防范化解重大风险攻坚战　　　　　锁凌燕/45
健康保险市场发展的方向与战略　　　　　　　锁凌燕/50
台风"安比"与突发公共事件风险管理　　　　刘新立/55
农业收入保险促进农业保险转型升级　　　　　刘新立/59

频发的自然灾害，尴尬的巨灾保险现状　　　　　　　　刘淑彦/63
健全责任保险体系：利己又利他　　　　　　　　　　　丁宇刚/67

政策与监管

监管新政下的寿险"开门红"　　　　　　　　　　　　刘新立/73
失业保险的"变身"　　　　　　　　　　　　　　　　郑　伟/77
PPP视角下的巨灾保险制度建设
　　——国际经验和中国道路　　　　　　　　　　　王瀚洋/82
基于环强险管理办法出台的几点思考　　　　　　　　　钱嫣虹/88
金融稳定、金稳委及其他　　　　　　　　　　　　　　朱南军/93
养老金制度改革中的运行效率问题　　　　　　　　　　吕有吉/97
保险创新三层次：产品、技术和监管　　　　　　　　　陈　凯/101
离不开的网络，理得清的风险　　　　　　　　　　　　吕有吉/105

企业经营与市场环境

保险科技：全方位重塑保险业　　　　　　　　　　　　吴海青/111
区块链保险展望　　　　　　　　　　　　　　　　　　姚　奕/115
区块链＋保险：一种共赢的管理理念　　　　　　　　　范庆祝/119
新形势下的销售误导治理　　　　　　　　　　　　　　锁凌燕/124
保险科技的应用与风险　　　　　　　　　　　　　　　姚　奕/129
自动驾驶技术对车险的影响　　　　　　　　　　　　　郑　豪/133

保险资金运用

"统一资管新规"助推保险资金运用健康发展　　李心愉/139
"馅饼"还是"陷阱"
　　——通道业务的"进"与"退"　　李心愉/144
险资参与化解股票质押风险可双赢　　李心愉/149

社会保障与保险

发展完善多层次多主体的健康扶贫　　姚　奕/157
居民养老的新选择：税收递延型商业养老保险　　秦　云/162
中国的房产是养老金的良好替代品吗？　　段志明/166
税收递延型商业养老保险试点迈出关键一步　　陈　凯/171
税收递延型商业养老保险需要关注四个问题　　郑　伟/175
砥砺前行，完善制度
　　——大病保险五年回眸　　周新发/180
"以房养老"发展困境背后的疑虑　　刘子宁/185
社保征缴划归税务可加强社保公平性　　陈　凯/189
老龄化进程中的不平等问题　　贾　若/194
基本医疗保险整合：背景、历程和挑战　　王瀚洋/198

CCISSR 理论综合

传承历史，创新未来
——写在保险业改革、开放、发展四十年之际

孙祁祥

2018-12-11

自1979年中国人民银行下发《关于恢复国内保险业务和加强保险机构的通知》始，我国保险业开启了近四十年波澜壮阔的发展历程。"以史为鉴，可以知兴替"，本文回顾过去近四十年中国保险业发展历史，总结经验教训，探寻未来发展之路。

一、历史是用来铭记的

在过去的近四十年中，中国保险业成长迅

速,发展水平不断提升。保费收入从1980年的4.6亿元增至2017年的36 581.01亿元,年均名义增长率为27.47%;资产规模从14.52亿元增至167 489.37亿元,年均名义增长率为28.76%;总保费规模世界排名从改革开放之初的第40位升至第2位;保险密度从1980年的0.47元/人提高到2017年的2 631.58元/人;保险深度从1980年的0.1%提高到2017年的4.42%;保险机构数量从恢复之初1979年的1家增至2017年年底的228家,一个由中外原保险公司、再保险公司、中介公司、保险资产管理公司、保险交易所等市场主体和交易平台组成的统一开放、竞争有序、充满活力的保险市场体系基本建立。

在过去近四十年中,保险业提供巨灾保险、农业保险、环境安全责任保险、食品安全责任保险等,积极参与社会管理,在完善养老和医疗社会保障体系、减灾救灾、提高贫困人口风险抵御能力以及精准扶贫等方面作用显著。保险机构承保金额和承保范围不断扩大,有效地发挥了保险的经济补偿功能。

随着风险保障和服务国家治理能力现代化的作用进一步彰显,保险业在金融市场中的地位不断提升。保险机构成为我国债券市场第二大机构投资者和资本市场重要的机构投资者,在促进传统的以银行为主导的金融体系向多层次、多支柱的金融体系转变,提高金融资源的配置效率,增强金融体系运行的稳定性和协调性方面发挥了重要作用。

二、历史是用来传承的

保险业在过去近四十年的发展中取得如此巨大的成就,有很多值得总结的经验。在笔者看来,最重要的有以下三点,即

"以体制改革促开放""以开放倒逼改革"和"以法制建设促发展",这些经验值得全行业在未来的发展中继续发扬光大。

第一,以体制改革促开放,建立现代保险制度。

自改革开放以来,保险业一直在顺应实践的发展,不断深化体制机制改革。为了适应快速发展和防范风险的需要,我国于1996年建立了保险分业经营体制,综合性保险公司相继完成产寿险分业经营的体制改革。2001年以后,保险业加快建立现代企业制度的步伐,积极吸引外资和民营资本参股,引进境外战略投资者,优化股权结构,运行机制不断完善。2003年,保险业率先完成国有公司股份制改造,中国人保、中国人寿、中国平安等10家保险公司相继在海内外上市,在学习、借鉴、尊重国际惯例和经验的基础上,根据中国国情,建立和完善我国的现代保险制度。

第二,以开放倒逼改革,不断增强国际竞争力。

从1992年美国友邦保险落户上海开始,保险业一直走在金融业对外开放的前列。作为中国最早对外开放的金融行业,保险在"入世"谈判中扮演了重要角色。从2001年加入世界贸易组织开始,我国逐步放开外资保险公司和中介公司在华设立公司的限制,加大保险中介领域的对外开放力度,保险业得以在更广领域和更深层次参与国际保险市场的竞争与合作。在与国外保险业的同台竞争中,中资公司学到了新的经营理念、商业模式、产品技术、服务方式和管理经验。这种开放大大降低了国内保险业的"学习成本",迅速缩小了与国外同行的差距,使得我国保险企业的国际竞争力不断提升。在"2018世界500强"排名中,中国保险公司进入500强的数量仅次于美国,而中国平安和中国人寿两家保险公司已经进入世界保险业前十强。

第三,以法制建设促发展,在防范风险中提升发展质量。

从1985年的《保险企业管理暂行条例》到1995年中国第一部《保险法》的颁布,从保险法律、行政法规到各项部门规章,形成了以《保险法》为核心的保险业监管法律法规和规章体系,并且根据实践的发展变化不断地完善和修改,保险业的法制建设一直在路上。

加强保险业法制建设的重要目的是防范风险,确保行业健康发展,保障消费者的权益。为了实现这一目标,保险监管机构一直在探索创新保险监管制度。2000年,中国保监会开始全面试行《保险公司最低偿付能力及监管指标管理规定》;2001年我国加入世界贸易组织后,监管部门借鉴国际保险监督官协会的核心监管原则,引入保险公司偿付能力监管和治理结构监管制度。通过不断完善治理体系建设,我国初步形成了"偿付能力监管、公司治理结构监管和市场行为监管"三支柱的现代保险监管框架,构筑了"以公司内控为基础、以偿付能力监管为核心、以现场检查为重要手段、以资金运用监管为关键环节、以保险保障基金为屏障"的五道风险防线。随着实践的发展变化,监管部门进一步修改与完善监管内容和方式,提出"机构监管与功能监管相统一,宏观审慎监管与微观审慎监管相统一,风险防范与消费者权益保护并重,建立全面风险管理体系"的要求。与此同时,监管当局还不断健全对外开放的法律法规体制,规范外资保险公司的经营行为,依法保障保险业对外开放政策的贯彻落实;及时了解和掌握国际保险监管动态,加强与其他专业监管部门的协作,特别是与周边国家和地区的区域性保险交流合作;提高对国际金融形势和保险发展趋势的监测与分析水平,加大跨境保险业务的监管力度。

面对国际保险业发展的新趋势,我国开始积极参与国际金融保险业监管规则制定,提升中国保险业的国际影响力和全球话语权。2013年5月,我国推出《中国第二代偿付能力监管制度体系整体框架》,引起国际保险监管机构的广泛关注。

三、历史是用来反思的

虽然保险业在过去近四十年的发展中成效显著,但也有许多值得汲取的教训,最重要的一点就是:在较长的时间内,行业普遍存在定位不清、保障功能弱化、发展方式粗放、保险乱象频发的现象。

中国恐怕没有哪一个行业像保险业这样,有必要不断地讨论并呼吁其回归本源,甚至在保险业已经发展了数十年以后的2016年,监管部门还必须用"保险业姓保"这样的"基本常识"突出并强调行业的属性,要求行业"务好正业",这不能不说是一种无奈和嘲讽。

保险的基本功能是风险保障,这是保险业生存、立足、发展的根本。保障功能发挥不足的问题如果得不到有效解决,无疑将会削弱现代保险制度的基础。那么,我们需要反思的是,这个问题为什么会长期存在?

客观地说,这与我国保险业发展的逻辑起点有关。从历史来看,发达国家保险业的产生是基于被保险人风险规避的特性及风险转嫁的要求。在现代保险业数百年的发展进程中,我们可以看到一个共同特点:保险制度的起源、发展与完善是一个自然演进的过程;风险客观存在的特性以及不断变化的形态,为保险业的生存和发展提供了其存在的合理性基础,而保险业则因独特的运行机制,为风险转嫁者提供了保障,在证明其基本价值和作用的基础上不断得到发展。

反观中国,即使我们可以将1805年英国保险商在广东成立保险公司视作中国保险业的滥觞,即使在1949年诞生了中国第一个全国性的保险机构——中国人民保险公司,但真正拉开保险业发展大幕的逻辑起点应当是1979年。这一年中国人民银行在下发的《关于恢复国内保险业务和加强保险机构的通知》中指出,全民所有制企业和集体所有制企业的财产,包括固定资产和流动资金,都可以自愿参加保险。参加保险的财产一旦发生保险责任范围内的损失,由保险公司按照保险契约的规定负责赔偿,国家财政不再核销或拨款。

不管我们今天如何定义"国际惯例"下保险的基本功能,我国的保险业在复业之初就"背负"着履行"财政保障替代功能"的职责,这一点是确定无疑的。事实上,1979年2月国务院批转的《中国人民银行全国分行长会议纪要》第六条就明确指出,开展保险业务的目的之一是"为国家积累资金"。这一要求从保险业恢复发展之初,就培育和诱发了行业内资金积累的需求和冲动。

由此可见,特定的"出生"环境,不可避免地在保险业的发展过程中留下了"胎记",而早期以"保费论英雄"的评价指标体系、对外开放以后国际保险公司的进入带给国内保险公司"与狼共舞"的"恐惧、市场经济发展的需要与保险这个弱小产业之间的矛盾,都使得整个行业充满了快速发展的冲动;而同时身兼主管部门职责的监管部门对业绩的"高度关注",加之相关监管规则的不完善,更是在一定程度上"默认"并"鼓励"甚至"纵容"了这一冲动,由此让保险业落入了一个"增长陷阱"。在行业定位不清和"数量扩张型"发展战略的指导下,保险业以资金融通的"派生功能"与银行、证券等金融部门竞争,力求尽快在保费规模、资产规模上做大,由此形成了保费收入规模、总资产规模迅速增长与基本保险功能发挥不足的"悖论"。这种发展模式继而产生了路径依赖,难以摆脱。

四、历史是用来预示的

如果以1666年伦敦大火之后英国牙医Nicholar BArbon建立的第一家产险公司作为标志,现代保险业已经有三百多年的发展历史。在这三百多年的历史长河中,许多产业、行业遵循市场发展的规律,按照"物竞天择,适者生存"的法则,逐渐衰亡甚至退出历史舞台;然而,保险业却以不可替代的独特功能,不断地发展壮大。1980年,全球保费为4661亿美元,2017年达到48917亿美元;从1980年到2017年,世界GDP的平均增速为5.49%,保费收入的平均增速为6.56%;1980年,全球保费占GDP的比重为4.17%,2017年占到6.06%。中国保险业近四十年的发展,更是高度契合并印证了国际保险业的发展轨迹。

保险业之所以"长盛不衰",原因在于保险特有的功能和作用。保险业"经营"的是风险,而风险是不可能消失的。并且,随着科技的进步、经济规模的增大和社会结构的日益庞杂,风险总量会越来越大、风险类型会越来越多、风险结构也会越来越复杂。只要风险存在,以风险管理为己任的保险业就有存在的充分理由,而且不是一个简单的存在,而是必须稳健地成长与壮大,以适应整个经济社会发展的需要。

中国的保险业用过去近四十年的发展再次无可争辩地证明了上述论点,其行业地位和重要性也得到了党和政府的高度肯定。2006年和2014年,国务院分别颁布了《关于保险业改革发展的若干意见》和《关于加快发展现代保险服务业的若干意见》,提出使现代保险服务业成为完善金融体系的支柱力量、改善民生保障的有力支撑、创新社会管理的有效机制、促进经济提质增效升级的高效引擎和转变政府职能的重要抓手,将保险的地位提到了"服务国家治理体系和治理能力现代化"的认识高度。

五、未来是由今天塑造的

走过了近四十年的中国保险业来到一个新的历史发展时期。与过去相比,这个时期呈现出许多新的特征,最重要的莫过于现代信息技术的快速发展和世界的万物互联,包括互联网、物联网、区块链、云计算、基因检测技术、人工智能等的广泛应用,保险业务从线下扩展到线上,科技在保险领域的应用场景越来越多。现代科学和技术的发展,一方面给以"风险保障"为己任的保险业创造了巨大的需求和市场;另一方面又因"不确定性"的加剧而导致新风险不断出现,给保险业带来了新的挑战。

但保险业不就是在迎接一个又一个的挑战中发展至今的吗?这是行业发展的终极真理。无论这个世界如何变化,"发展是硬道理"永远不会变,但在如何发展的问题上,笔者认为以下几点需要格外引起重视。

首先,保持定力,辩证地理解行业的"变"与"不变"。互联网等现代技术出现以后,新技术将"颠覆"某某行业的说法不绝于耳,保险业也不例外。但笔者认为,尽管新技术的出现给行业带来了挑战,但它既没有颠覆保险业的基石,也没有动摇保险业的支柱。不仅如此,它还将极大地改善和提升保险业的经营环境,夯实保险业的基石和支柱。笔者一直认为,"风险保障、损失分担"是保险业的"基石",而"可保风险""大数定理"和"最大诚信"是保险业经营的三大支柱。如果我们能清醒地认识"万变不离其宗"的道理,就能在保持定力的前提下,"以不变应万变"。

其次,正确处理承保与投资的关系,防止走极端。让"保险回归保障"的诉求,是对保险业长期偏离其宗旨的矫枉,但矫枉不应过正。强调保险的核心功能是风险保障,并不是说不需要重视投资;恰恰相反,由于风险保障和保险经营的特性,投资在保险业的发展中发挥着非常重要的作用。这已经被现代保险业几百年的发展历史反复证明。可以说,没有出色的投资,就没有可靠的保障。

再次,谨防"创新"的陷阱。过去近四十年的发展表明,没有制度创新、机制创新、产品创新、管理创新和服务创新,就没有保险业的发展。但在发展的过程中,我们也时常看到一些以"噱头""奇葩"为特点的所谓产品创新。它们的出现,在可能产生了设计者预期的"哗众取宠"的效果之时,也引发了社会和消费者对保险业的"负评"甚至质疑,损害了保险业的声誉。创新无疑是未来保险业发展的重要驱动力,但创新是有标准的,创新是有约束条件和边界的,创新是必须以尊重客观规律为前提的。

最后,引入"监管沙盒"制度,平衡风险防范和创新发展之间的关系。

在当今这个时代,科技与保险的融合发展在深刻地影响并改变了保险商业模式的同时,也带来了技术风险、数据风险、垄断风险等新型风险。为了应对这一新的形势,平衡风险防范与创新发展之间的关系,英国提出的"监管沙盒"制度值得我们借鉴。

"监管沙盒"是指由监管机构提供一个"安全空间",允许公司或企业在符合特定条件的前提下,突破一定的规则限制,在该空间内进行金融科技创新测试。作为一项平衡金融科技创新与风险的制度设计,其核心机制包括监管测试主体、监管豁免、测试程序、消费者利益保护、沙盒退出等。"监管沙盒"制度注重监管机构、被监管者以及消费者多元主体共同参与治理。通过多元共治,将事前预防与事中和事后监管相结合,有效地改善了监管信息不对称的问题,实现了对风险的全程监管,有助于平衡金融科技创新与金融风险,兼顾金融监管的安全目标与效率目标。

"历史"是用来书写的,"现在"是用来奋斗的,"未来"是由今天塑造的。经历了近四十年发展之后的中国保险业,有理由期待下一个四十年稳健而更好的发展。

2018年中国保险业回眸与思考

郑 伟

2019-01-11

2018年中国保险业的发展进入一个调整期,从以下一组数据可以看出来:2018年1—11月,全国保险业原保险保费收入为35 419.50亿元,同比增长2.97%,2017年全年同比增长18.16%,2018年保险业增速很可能创下近年新低,人身险和寿险业务的相对下降更为明显。其中,2018年1—11月人身险业务原保险保费收入为24 790.70亿元,同比下降0.50%,但2017年全年同比增长20.04%;2018年寿险业务原保险保费收入为19 664.05亿元,同比下降

4.75%,但2017年全年同比增长23.01%。与2017年相比，2018年数据逊色不少。当然，调整未必是坏事，调整有可能是一种回归，一种从超常规发展向正常发展的回归。

回顾2018年保险业发展的若干重要事件，可以将其分为五类：一是监管机构层面，中国银保监会成立；二是保险监管政策层面，包括保险业对外开放提速、保险公司治理监管持续规范；三是保险政策创新层面，包括税延养老保险、环境污染强制责任保险、关税保证保险；四是保险司法解释层面，《中华人民共和国保险法》司法解释第4号发布；五是保险市场主体层面，包括安邦被接管、人保集团回归A股、信美"相互保"变身"相互宝"。

一、监管机构

2018年在中国保险监管历史上注定是被载入史册的一年。因为这一年，20岁的中国保监会和15岁的中国银监会正式合并，组建为新的监管机构——中国银行保险监督管理委员会（简称"中国银保监会"）。对于"两会"合并，各方众说纷纭，见仁见智。不管是分还是合，从改革开放近四十年保险监管的实践来看，至少有以下几点经验是值得关注的：

第一，在角色定位上，保险监管应当处理好"发展与监管"的关系，应当坚持"监管姓监"的基本定位。

第二，在监管边界上，保险监管应当处理好"政府与市场"的关系，政府既不能该管不管、留下监管真空，又不能越俎代庖、替代市场进行资源配置。

第三，在监管内容上，保险监管应当处理好"三支柱监管"之间的关系，市场行为监管、偿付能力监管和公司治理监管三者既应当各司其职,又应当相辅相成。

第四,在监管重心上,保险监管应当坚守"消费者权益保护",应当坚持"以广大保险消费者权益为监管工作的出发点和落脚点,把保险消费者拥护不拥护、赞成不赞成、高兴不高兴作为制定政策的依据"。

第五,在监管技术上,保险监管应当坚持走"专业化路线"。保险业是一个专业性很强的行业,要求专业人员采用专业技术实施专业监管。

二、保险监管政策

2018年,在保险监管政策方面,具有代表性的有保险业对外开放提速、保险公司治理监管持续规范。

1. 保险业对外开放提速

2017年11月10日,财政部副部长朱光耀在国务院新闻办会议上披露,"三年后将单个或多个外国投资者投资设立经营人身保险业务的保险公司的投资比例放宽至51%,五年后投资比例不受限制"。2018年4月,保险业对外开放提速。4月10日,习近平主席在博鳌亚洲论坛上宣布,"在服务业特别是金融业方面,去年年底宣布的放宽银行、证券、保险行业外资持股比例限制的重大措施要确保落地,同时要加大开放力度,加快保险行业开放进程"。4月11日,中国人民银行行长易纲透露:未来几个月至年底之前,将人身保险公司的外资持股比例上限放宽至51%,三年后不再设限;允许符合条件的外国投资者来华经营保险代理业务和保险公估业务;放开外资保险经纪公司的经营范围,与中资机构一致;全面取消外资保险公司设立前需开设两年代表处的要求。

保险业作为当年中国加入世界贸易组织谈判的焦点和加入世界贸易组织后对外开放的排头兵,在中国整个对外开放战略布局中一直居于重要地位。与2001年中国加入世界贸易组织的情况不同,那时很多人对中国保险业和中资保险公司没有信心,直呼"狼来了"。而当今的中国保险业和中资保险公司早已今非昔比,中国保险市场规模已跃居世界第二位,中国的保险公司(平安保险)已进入"全球系统重要性保险公司"行列,中国保险业已具备进一步加大开放力度、加快开放进程的条件。

总体而言,加快保险业开放进程,对中国保险业发展将产生积极的影响。中国保险业自1979年恢复国内保险业务以来近四十年的发展经验表明,越是在改革开放的环境下,中国保险业就越能得到快速的发展。比如1992年批准首家外资保险机构(美国友邦保险上海分公司)进入中国,2001年加入世界贸易组织进一步开放中国保险市场,都是这样的例子。在未来更加开放的环境下,中国保险业将更有可能实现高质量的发展。

2. 保险公司治理监管持续规范

2018年保险公司治理监管持续规范。2018年4月,中国银保监会召开中小银行及保险公司公司治理培训座谈会,这是中国银保监会成立后首次召开座谈会,说明新监管机构对公司治理问题的高度重视。会议在肯定我国银行业和保险业公司治理取得长足进步的同时,也指出一些机构存在股权关系不透明、不规范等问题。会议要求银行和保险机构持续健全法人治理结构,将其作为打好防控金融风险攻坚战的重要抓手,加快探索具有中国特色的现代金融企业制度,不断提高公司治理的有效性,真正实现从高速增长向高质量发展转变。

2018年3月,作为保险公司治理监管核心内容之一的新版《保险公司股权管理办法》(简称《办法》)发布。《办法》提出按照实质重于形式的原则,对保险公司股权实施穿透式监管和分类监管;根据持股比例、资质条件和对保险公司经营管理的影响,将保险公司股东分为财务Ⅰ类、财务Ⅱ类、战略类和控制类,对不同类别股东提出不同的要求。7月,中国银保监会发布《保险机构独立董事管理办法》,安排相关制度,进一步改善独立董事履职环境,促进独立董事在公司治理中发挥积极作用。8月,中国保险行业协会发布《保险业公司治理实务指南总体框架》等四项公司治理标准,细化相关实务指南。

自2006年正式提出构建市场行为监管、偿付能力监管和公司治理监管并行的"三支柱"监管框架以来,我国现代保险监管体系建设取得了显著成绩。以公司治理监管为例,经过多年的努力,我国初步构建了具有中国特色的保险公司治理监管制度体系,被世界银行和国际货币基金组织评价为"发展中国家的典范"。但同时,需要注意的是,由于我国保险公司治理监管工作起步较晚,基础薄弱,而且受体制机制、文化传统等多方面因素的制约,我国保险公司治理由"形似"到"神至",保险公司治理监管由"形式规范"到"治理实效",真正实现保护保险消费者等利益相关人权益和防范风险的目标,还有很长的距离。

三、保险政策创新

2018年,在保险政策创新方面,具代表性的有税收递延型商业养老保险(以下简称"税延养老险")、环境污染强制责任保险、关税保证保险。

1. 税延养老险

2018年,千呼万唤的个人税收递延型商业养老保险终于出台。2018年4月,《财政部 税务总局 人力资源和社会保障部 中国银行保险监督管理委员会 证监会关于开展个人税收递延型商业养老保险试点的通知》正式发布,明确从2018年5月1日起,在上海市、福建省(含厦门市)、苏州工业园区实施个人税收递延型商业养老保险试点,试点期限暂定为一年。2018年5月,中国银保监会相继发布《个人税收递延型商业养老保险产品开发指引》《个人税收递延型商业养老保险业务管理暂行办法》《个人税收递延型商业养老保险资金运用管理暂行办法》,明确了税延养老保险的产品设计原则、业务管理要求和资金运用监管要求。截至10月,已有19家保险公司符合资格并参与个人税收递延型商业养老保险试点,已上市保险产品61款。

税延养老险对于构建多层次养老保险体系具有重要意义。2018年10月25—26日,由中国银保监会主办的国际养老金监督官组织(IOPS)年会及全球养老金论坛在北京隆重召开。中国银保监会主席郭树清在论坛开幕致辞上指出:"回溯近百年养老金发展历史,特别是二十世纪八十年代以来的市场化改革浪潮,由政府主导的单一现收现付制度向包括企业和个人资金积累制的多元化制度转变,已经成为全球主流,是应对老龄化挑战的普遍做法。"这一具有历史和国际视野的判断,引起与会嘉宾代表的广泛共鸣。

税延养老险在试点期间仅针对保险业,下一步可能扩展至银行业和基金业,涉及多个行业和部门。我们在讨论如何发展税延养老险时,必须始终牢记一点。发展税延养老险的"初心"不是为了某一个行业,而是为了通过税收政策支持,撬动更多个人和家庭的养老资源投入,更好地与国家一起构建多层次的养老保险体系,以应对长寿风险和人口老龄化的严峻挑战。具体而言,在税延养老险的两个阶段,我们应当围绕初心,强调不同的重点。在积累期,我们应当强调"长期投资收益";在领取期,我们应当强调"长寿风险管理"。顺着这个逻辑往下推,一方面在积累期,我们应当秉持"开放"的理念,保险、银行、基金等金融机构都可以参与税延养老保险的投资积累,同台竞技;另一方面在领取期,我们应当秉持"专业"的理念,实质性地鼓励实行"终身领取",以更好地解决长寿风险和人口老龄化的问题。

2. 环境污染强制责任保险

2018年5月,生态环境部部务会议审议通过了《环境污染强制责任保险管理办法(草案)》,环境高风险领域建立"环境污染强制责任保险制度"呼之欲出。2018年6月,中共中央国务院《关于全面加强生态环境保护 坚决打好污染防治攻坚战的意见》明确提出,"推动环境污染责任保险发展,在环境高风险领域建立环境污染强制责任保险制度"。

建立环境污染强制责任保险制度,不是为了发展保险业,而是为了有效利用保险这一现代化风险管理工具,助推生态环境保护和打赢污染防治攻坚战。环境污染风险具有典型的负外部性,即无辜的受害第三方和社会要承担这一风险损失;而且,在发生环境污染事件之后,致害方常常无力或躲避赔偿,地方政府往往被迫背负兜底维稳责任。在引入环境污染责任保险之后,一方面可以较好地保证事后经济赔偿;另一方面更重要的,可以在事前和事中通过市场机制对环境风险进行评估、定价与排查。在事前(承保前),保险公司可以开展环境风险评估,并根据投保公司的环境风险状况实行浮动费率;在事中(承保后),保险公司可以开展环境安全隐患排查,投保公司应当积极整改。由此,通过事前预防、事中管控和事后处置,环境污染强制责任保险可以为生态环境保护提供更有效的经济政策支撑,从而为提升生态文明、建设美丽中国贡献积极力量。

3. 关税保证保险

2018年9月1日,根据海关总署的统一部署,关税保证保险在上海、北京等10地海关启动试点。10月31日,海关总署与中国银保监会联合发布《关于开展关税保证保险通关业务试点的公告》,将关税保证保险试点范围扩大至全国。

关税保证保险是由具备资质的保险公司(目前参加试点的保险公司有中国人民财产保险股份有限公司、中国太平洋财产保险股份有限公司和中银保险有限公司)为企业提供关税担保,在货物通关时,凭借"一张保单"即可享受"先放行后缴税"的保证保险。在实施关税保证保险之前,企业通常采用现金保证金和银行保函的方式;在实施关税保证保险之后,企业可以购买关税保证保险以替代原有方式,在确保海关税款安全的同时可减少企业的资金占用、降低运营成本、提升通关效率。

关税保证保险是近年来保险创新的形式之一,体现了保险服务于国家治理的一种"小逻辑"。保险是推进国家治理现代化的重要工具,在国家治理的"工具箱"中是否备有并运用好"保险"这一现代化的风险管理工具,是判定一国的国家治理是否现代化的重要标志之一。

四、保险司法解释

2018年7月,最高人民法院发布《最高人民法院关于适用〈中华人民共和国保险法〉若干问题的解释(四)》,并自2018年9月1日起施行。

近年来,伴随着保险业的快速发展,保险纠纷案件逐年增多。2005年全国法院受理保险纠纷案件为14 465件,2010年为59 747件,2017年达127 611件,呈连续增长态势。1995年颁布实施的《中华人民共和国保险法》列有专门的"保险合同"章,2009年《中华人民共和国保险法》的修订对保险合同章做了较大改动,推动了保险合同法律制度的完善。但由于《中华人民共和国保险法》保险合同章的有些规定较为原则,可操作性不够强,保险司法审判在实践中仍遇到不少困难。

为了解决保险司法实践中的相关法律适用问题,2009—2015年,最高人民法院先后出台了第1号至第3号《中华人民共和国保险法》司法解释——2009年《中华人民共和国保险法》司法解释第1号,处理新旧保险法衔接适用问题;2013年司法解释第2号,处理保险合同章"一般规定"部分的法律适用问题;2015年司法解释第3号,处理保险合同章"人身保险合同"部分的法律适用问题。

作为第1号至第3号司法解释的延续,2018年出台的《中华人民共和国保险法》司法解释第4号——《最高人民法院关于适用〈中华人民共和国保险法〉若干问题的解释(四)》,着力处理保险合同章"财产保险合同"部分的法律适用问题,内容包括明确保险标的转让、保险合同主体的权利义务、保险代位求偿权、责任保险等相关问题。《中华人民共和国保险法》司法解释第4号的发布,对于进一步统一保险司法审判实践中的裁判标准、保护保险消费者合法权益、促进保险业长期健康发展具有重要意义。

五、保险市场主体

2018年,保险市场跌宕起伏,其中备受关注的市场主体至少有三家:一是安邦,二是人保集团,三是信美相互。

1. 安邦被接管

2018年2月,中国保监会公告,安邦保险集团原董事长总经理因涉嫌经济犯罪被依法提起公诉,鉴于安邦集团存在违反保险法规定的经营行为,可能严重危及公司偿付能力,为了保持安邦集团照常经营、保护保险消费者合法权益,依照《中华人民共和国保险法》第144条规定,中国保监会决定对安邦集团实施接管,接管期限自2018年2月23日起至2019年2月22日止。从接管开始之日起,安邦集团股东大会、董事会、监事会停止履行职责,相关职能全部由接管工作组承担。6月,持有安邦集团合计98.23%股份的民营资本股东全部退出,中国保险保障基金有限责任公司接手上述全部股份,成为安邦集团新股东。过去一年,安邦集团经历了从"买买买"到"卖卖卖"的风格转变。2019年2月接管期限届满之后,安邦集团将呈现一种怎样的新面貌和新动向,值得期待。

2. 人保集团回归A股

2018年11月16日,人保集团正式登陆A股市场,成为内地第5家A+H股的金融保险企业。人保集团的上市之路比较曲折。2003年11月,人保集团旗下人保财险在香港上市,成为内地第一家境外上市的金融公司;2009年9月,人保集团完成整体改制;2012年12月,人保集团在香港联合交易所实现H股上市。2018年,人保集团提出实施创新驱动发展、数字化、一体化和国际化四大战略,持续推进集团向高质量发展转型。作为"共和国长子"和"保险黄埔"的人保集团,如何在市场竞争加剧、科技变革创新和经济全球融合的历史浪潮中继续保持核心优势、立于不败之地,十分令人关注。

3. 信美"相互保"变身"相互宝"

2018年10月16日,蚂蚁和信美相互联手向支付宝芝麻信用650分及以上、年龄60岁以下的蚂蚁会员推出"相互保"产品,无需先交费即可参与,可获100种大病保障,事后实行费用分摊。产品上线仅一个月,参与人数就超过2 000万,市场关注度极高。产品推出一个多月后,信美相互发布公告,称因在销售过程中涉嫌违规问题,根据监管部门的要求,停止以"相互保大病互助计划"为名销售"信美人寿相互保险社相互保团体重症疾病保险"。同时,蚂蚁金服发布公告称,把"相互保"由保险产品调整为网络互助计划"相互宝"。"相互保"停止之后,各种讨论一直持续,热度不减。什么是保险?"相互保"是不是保险?它与传统保险是什么关系?它与网络互助是什么关系?如何把握发展与规范、创新与监管的关系?对这些问题的深入讨论,将有助于促进中国保险业的长期健康发展。

养老责权需由政府向个人转移

陈 凯

2018-03-27

日前,财政部办公厅主任新闻发言人欧文汉在接受采访时表示,我国个人税收递延型商业养老保险试点目前已经基本形成相应的制度。该制度的基本思路是实施递延纳税政策支持,即由个人自愿建立养老金账户,对在规定额度内进入该账户的收入以及在账户中投资运营的收益暂不征税,应当缴纳的个人所得税可以延期到将来领取养老金时再征收。从采访中,我们可以看出接下来我国养老保险尤其是个人商业养老保险改革的一个大致方向。

首先,顶层设计是关键。长期以来,我国一直在努力建立健全多层次的养老保障制度,即"三支柱"的体系。其中第一支柱是基本养老保险制度,第二支柱是企业年金和职业年金,第三支柱是个人储蓄性养老保险和商业养老保险。从我国目前"三支柱"的状况来看,发展非常不平衡,第一支柱在整个养老体系中的占比过重,过度依赖政府。当然,这里面存在制度转轨遗留下来的历史问题。但我们也要意识到,在老龄化加剧的背景下,仅靠国家很难维持未来的个人养老问题。这是由社会进步、人类寿命延长所造成的不可避免的局面。不仅中国如此,日本、美国、澳大利亚、北欧等国家和地区都面临类似的问题。因此,从顶层设计来说,必须鼓励和激励个人承担更多的养老责任,加大第二支柱和第三支柱的建设,这其中的核心在于个人选择权。既然要让个人承担更多的养老责任,就要同时下放投资选择权。这就有必要建立所谓的"个人退休账户",通过税收安排给予个人税收优惠,让个人愿意存钱养老,同时使个人选择权落地,让个人在承担未来风险的同时掌握更大的选择权和控制权。之前,我国在第一支柱中的个人账户并没有做实,产生了潜在的债务问题,因此在设计第二支柱和第三支柱的个人账户中必须避免。这可以通过建立个人账户信息化平台,让民众看得到自己的钱,同时方便居民缴费、投资、领取、查询和计税,整合多方资源,减少中间管理,下放权力,让投资者获利,从而增强养老主动性。

其次,充分发挥税收的激励作用。事实上,作为第二支柱的企业年金是有一定税收激励优惠的,而且在我国已经运行了一段时间,但发展并不十分理想。截至2017年年底,全国参加企业年金的企业有8万多户,参加职工人数超过2300万,基金累计超过1.3万亿元。虽然基金总累计额度已经不小,但参与人数实在太少,覆盖面远远不够。因此,在未来第三支柱的发展中,我们一定要把税收优惠的作用发挥出来。根据国外的经验来看,税收优惠要给到账户、给到个人。如果能建立"个人退休账户",个人只要把钱存进账户就可以获得税收优惠,而不是购买指定产品后才能享受税收优惠。这种变化对个人购买意愿会起到非常大的影响作用。从欧洲和北美的情况来看,第三支柱的资金可以投到基金、保险、银行储蓄等多种金融产品,让可选择的产品更加多样化、个性化。其实,这是一个老调重提的观点,但在现实实践中还是可能会被忽视。与顶层设计的个人选择权下放类似,税收优惠的受益方也应该是个人。税收优惠制度的设计不是给哪个行业的,不是行业去要某个政策,而应该给个人,给老百姓。通过税收优惠制度的方案设计,使得个人更愿意把钱存进"个人退休账户",主动为自己的养老做安排。

再次,提高投资的水平和专业性。传统的待遇固定型(DB, Defined Benefit)养老模式在老龄化背景下遇到的挑战除了长寿风险,就是通货膨胀风险。当未来的待遇在现在被确定时,由通货膨胀所造成的资产贬值会降低养老金待遇的吸引力,让人产生有钱就花、活在当下的想法。因此,我们要加大投资力度,提高投资质量,增加资本累积。许多人对养老保险的认识就是年轻时存钱,年老时领取。虽然这个模式本质上没错,但忽略了其中最重要的投资一环。如果没有把从年轻到老年的投资环节做好,人们还是无法应对未来的长寿风险和通货膨胀风险。举个例子,在养老基金投资方面,北美国家和欧洲国家的做法略有不同。北美国家目前是以基金投资为主，可以有效地把资本市场中的短线资金变成长线资金，不仅推动了资本市场的有效发展，还提高了居民养老金账户的收益水平。而欧洲很多国家过去大多是以养老保险产品为主，由于近些年人口老龄化和资本市场萎靡，保险产品的保证收益率持续下降，很多退休老人因退休金过低而不得不重新工作。这也使得一些国家的养老基金不得不逐渐将主要投资标的转为基金产品。在我国第三支柱的设计中，政府监管部门已经意识到投资收益的问题。中国证监会在2017年就《养老目标基金指引》向全社会公开征求意见，其核心点之一就是鼓励大家不要只重视短期效益，而要进行长期投资和长期考核，意图提高投资收益水平以增强居民投资养老的积极性。

综合来看，想要解决我国的养老问题，就必须进一步平衡"三支柱"之间的关系，让第二支柱和第三支柱逐渐发展起来，将养老责任向个人转移。然而，很多经济学家认为大多数个体是短视的，很难主动为了若干年后的需求而降低当前的消费水平。因此，在责任向个人转移的同时，权利也要转移。推动居民养老责任意识需要政府提供更多的激励和动力。政府在顶层设计、制度优惠、收益水平等方面都要以这个前提为出发点，下放个人选择权，落实个人税收优惠，提高个人账户收益水平；以个人为中心，建立多层次的养老保障体系，让居民未来老有所养。

多方面拓展保险市场的风险保障功能

刘新立

2018-04-17

在2018年全国"两会"的《政府工作报告》中,针对2018年政府工作的建议、深化基础性关键领域改革方面提出要"拓展保险市场的风险保障功能"。风险保障功能为保险市场所特有,构成保险产品最重要的内含价值,也成为保险公司核心竞争力的最主要内容。拓展保险市场的风险保障功能这一建议的提出,明确了近年来监管部门一直强调的"保险姓保"的原则,进一步为未来保险市场的发展明确了方向,即不仅要坚守风险保障的基石,还要积极拓展保险市场的风险保障功能。实际上,只有风险保障功能发挥得越来越强大,保险市场才能走上良性循环之路,保险为经济社会可持续发展的保驾护航作用才会越来越得以体现。

保险市场的风险保障功能可以从产品种类、保障范围、保障额度、产品创新等多方面进行拓展。

首先,在传统风险领域里,由于风险承担个体的特征多种多样,产品种类的多样化可以更有效地满足差异化需求。在人身险市场上,目前一个主要的问题仍然是消费者对保险的认知更多地侧重在储蓄投资功能,从而在一定程度上抑制了保险功能的拓展。很多消费者把保险视作一种投资品,在考虑是否买保险的过程中,即便首先是考虑风险保障功能,但毕竟出险的概率较小,尤其是一些寿险产品,最后都会落脚到自己能够"确定地"得到多少返还这个问题上。而同时,在我国当前的保险营销过程中,为了顺应消费者的心理,也普遍存在过分强调保险的储蓄投资功能而忽视保障功能的现象。这就使得相当多的消费者重视保险的投资功能,而忽视保险的保障作用。对于非投资性寿险产品的消费者来说,这种心理在费率市场化尚不完善的情况下就会变得非常脆弱。一方面,保险公司应当引导消费者正确看待保险的属性,激发其风险意识,理解人身风险转移的重要性;另一方面,保险公司应当开发更贴近需求的多样化产品,引导消费者认识潜在的风险暴露,体会保险保障的重要性。如果保险失去了保障的功能,失去了对风险的专业化经营,只是单纯地强调资金储蓄投资和资产增值,这无疑是舍本逐末,保险业将失去核心竞争力。在非寿险领域,产品多样化的意义则源于风险种类的多样化。保险是风险管理的一种融资性措施,应更多地从风险管理的角度,与企业的生产经营相融合。当前企业风险管理的趋势便是有机嵌入经营的各个环节,保险也是如此。无论是针对企业的风险,还是其他类型主体所面临的风险,只有加强对特定风险的识别与理解,才能设计出适应不同行业不同风险承担人的产品,使得产品的种类和层次更加丰富,进一步加大非寿险领域的渗透率。

其次,保险市场保障功能的拓展可以通过扩大保障范围来实现。随着社会经济的发展,风险的复杂性发生了重大变化,而新环境、新技术的不断演变也使得新的风险层出不穷,从环境风险、食品安全、恐怖主义到网络风险、区块链风险等,经济领域的发展越蓬勃、越快速,带来的新风险就可能越复杂、越推陈出新。保险作为经济社会发展的稳定器,管理新技术所带来的新风险责无旁贷。

再次,保险市场风险保障功能的拓展还体现在保障额度的提高上。在人身险领域,由于人口老龄化、预期寿命延长、医疗支出占 GDP 比例上升、居民健康保障意识增强等因素的影响,消费者对健康险等产品的保障额度有较高需求;而在非人身险领域,随着财富的累积以及企业规模的扩大,对相关风险保障额度的需求也随之增大,保险市场在这方面还有很大潜力。例如农业保险,实施多年来积累了一定经验,农户对提高保障额度的呼声很高。对保险市场来说,如何能够有序提高农险保险金额,由目前单纯保成本的产品拓展到保产量、保价格,这既是挑战,也是责任。可喜的事,现在已经有越来越多的公司在这方面进行了尝试。

最后,创新是适应这个日新月异时代的根基,而对于保险产品来说,产品创新的意义之一是使保障功能得到更好地拓展。随着科技进步和社会行为习惯的演变,客户的消费需求将发生本质的变化,这在很多行业、很多领域已经出现,保险也是如此。客户不仅需要保险公司提供销售服务,更需要保险公司根据消费的新习惯及新变化提供综合的风险管理服务(例如线上化的服务等),尤其在理赔环节,更是重视体验。对任何一种产品的感知与体验都是在使用过程中获得的,对于保险这种无形的产品,索赔与理赔这个环节尤为重要,这是被保障对象感受保险产品的时刻。由于损失勘定的需要,传统的索赔理赔环节势必需要一定的手续和时间,而在风险刚刚发生后的短暂几天,能否快速得到损失补偿,还关系到间接损失的减少,理赔手续不应拖风险保障功能后腿。在这方面,天气指数保险就是一个有效的创新。受灾后的快速理赔,不仅为农户清理现场、恢复生产赢得了时间,还因大大降低道德风险与逆选择而减少了保费——风险保障成本。

此外,风险保障功能的发挥,不应狭义地理解为单纯的经济损失补偿,还应包括对降低风险的激励。当前,我们面临的各类风险呈几何级增长,近五十年的风险累积已远超过去数百年。只有将经济损失的补偿和降低风险损失的激励这两个内涵有机结合在一起,保险才是有生命力的。例如,管理洪水风险的一个常用方案就是洪水保险。但是,如果单纯地讨论洪水保险应该怎样运作,是由商业保险公司来做还是成立政策性保险公司,保费是完全来自投保人还是由政府补贴一部分,保额的上下限应该定为多少,那么这些问题即使解决得再好,保险的作用也没有得到很好的发挥。因为可保风险导致的损失是社会财富的净损失,而上述这些问题都是围绕赔偿来展开的,所以无论是谁出这笔钱,从全社会的角度来看,损失依旧如故,并没有减少。不去研究怎样在风险成本最低的条件下减少损失,而是热心于巨灾风险证券化,这就本末倒置。更何况,单纯看保险经济补偿功能,实际上也是有局限性的,人的生命、健康、心理等的打击在经济上是无法得到补偿,灾害导致的企业停产、商誉、股价、市场竞争力等负面影响也难以通过经济补偿来化解。本质上,被保险人的风险管理需求是防范、减少风险事故的发生。因此,只有将保险固有的两方面特色有机地结合在一起,保险市场的风险保障功能才能更有效地得到拓展与发挥。

保险业的全球化过程与中资保险公司的进路

贾 若

2018-04-24

经济和金融的全球化是不可逆转的时代潮流,保险作为金融的重要组成部分和现代经济中风险管理的基本手段,其国际化、全球化的趋势也不可改变。自21世纪初中国加入世界贸易组织以来,中国保险业对外资开放,允许外资在中国境内设立独资的财产保险公司、再保险(分)公司和合资的人寿保险公司。在刚刚结束的博鳌亚洲论坛上,中国进一步对世界宣示,扩大包括保险业在内的金融业对外开放,并强调这些开放政策的落实"宜早不宜迟,宜快不宜慢"。保险业对外开放是新时代改革开放再出发的重要举措之一。

近十几年来,中国保险研究关注更多的是外资保险公司在中国的准入、经营、市场份额等"引进来"方面的全球化问题。近年来,中资保险公司也在以各种形式"走出去",例如收购其他市场的保险公司,进入其他市场进行保险资产投资,而这些国际化、全球化的努力有利有弊、喜忧参半。借此,笔者希望和读者分享几点有关保险业全球化的思考。

虽然保险业的国际化、全球化从资产端开始,但负债端的全球化才是真正的全球化。将保费收入以保险资产投资的形式在全球进行资产配置,是最初级的国际化,因为全球资产配置既不需要在海外设置人员也不需要注册机构,完全可以通过委托资产管理等方式实现。保险业进一步的国际化可以表现为负债端的业务互换和国际再保险业务分入,这种国际化将海外保险风险以业务组合规模化的方式承保到保险公司的资产负债表上,有助于在不同地域之间分散巨灾、长寿等风险,但仍然不需要向海外派遣人员或注册机构,可以被看作中等水平的国际化。此外,保险公司通过跨境兼并收购实现对海外实体的控制,母公司由此拥有了被收购公司的资产负债表。这类国际化利用资本手段实现了资产端和负债端的跨市场配置,但较少依赖于母公司的品牌、技术、管理、产品等核心竞争力,实质上的保险业务、投资策略整合融合还要经过较长的时间和较大的努力,而且并购完成并不能保证并购成功。笔者认为,保险业更深层次、更高质量的国际化和全球化,应当是保险承保业务和保险产品品牌的国际化,表现为通过分支机构从母国以外的市场自主吸收保费,输出母公司的品牌、技术、管理、产品。欧美一些全球性保险公司实现了这一目标,但中资保险公司还没有任何一家实现这一目标。大部分国际保险集团在中国设有子公司或合资公司,它们被认为真正全球化的保险公司,并不在于资产的全球配置,而在于保险业务的全球发展。它们不仅能从母国市场吸收保费,还能从包括中国在内的外国市场大量吸收保费,其中的一部分汇回母国或者在全球其他市场进行投资。

虽然,中资保险公司的国际化路径需要经历从初级到高级逐步发展的过程,但在国际化的初、中级阶段应当注意避免一些潜在风险和不良倾向。我们应当清醒地认识到,单独资产端的国际化,实质上是将在中国境内吸收的保费投资到境外的项目上,应当受到跨境资本监管规则的约束。个别保险公司在全球范围内广泛收购各类资产的投资行为,其目的并不一定与保护中国境内被保险人的利益相一致,也不能从根本上提高中资保险公司的国际竞争力,反而会产生国际化风险,值得警惕。

另外,在保险负债端的国际化进路中,还要考虑不同保险业务的特性,选择国际化需求强、外来者劣势(liability of foreignness)小的业务线优先推进国际化。一般认为,保险业内存在三个子行业,即产险、寿险和再保。基于分业经营原则,产险和寿险通常分别由相互独立的保险公司经营;基于避免利益冲突的考虑,再保险主要由专业的再保险公司经营,直保公司虽然也经营再保险分入业务,但存在直保业务和再保客户间的直接竞争关系,规模一般较小。这三个相对独立的子行业,由于业务特性不同,其国际化、全球化的需求和条件明显不同。

基于风险分散的要求,再保险市场是一个天然的全球化市场。利用世界各地多元化的风险组合,再保险可以对巨灾做出合理定价并提供保障,这在地理范围上对再保险承担的风险提出了要求——不能过于集中且尽可能分散。因此,从对再保险的根本需求和行业起源的角度出发,再保险就是一个全球性的行业和市场,而且全球化的巨型再保险公司占据了全球再保险市场的大半份额。直保相比于再保,是要求与投保人直接接触的零售业务,受到各地域文化、制度的影响较大,更需要适应不同市场的国情,各市场对直保业务的准入和监管也往往严于再保业务。因此,直保的外来者劣势远大于再保,从而直保公司的国际化、全球化程度较再保低。

进一步,直保业务中的产险和寿险相比,一般认为寿险公司的外来者劣势更大,因为寿险、健康险消费更受到文化和本土制度的约束。寿险的保单期限更长,寿险公司的杠杆率一般高于产险公司,寿险公司与资本市场的联系更紧密,对金融系统性风险的贡献也更大,因而寿险需要更强的被保险人保护机制,需要严于产险公司的准入和监管标准。寿险中的重要组成部分(员工福利计划)受到本地社会保险制度和福利制度的重大影响,也使外资保险公司处于相对不利的地位。因此,一般认为寿险公司的全球化更难,应当更加谨慎。此外,从全球化需求角度来看,产险公司对巨灾风险的地域分散要求更高,也更有动力开展全球化。从全球直保市场的实际情况看,产险公司的国际化、全球化程度高于寿险公司,但低于再保险公司。

上述对中资保险公司的国际化、全球化进路进行了初步讨论。一方面,保险公司的国际化、全球化应聚焦于主业——只有保险业务、产品、品牌的国际化才是高质量的国际化;另一方面,在国际化、全球化的路途中,保险公司应当根据不同业务特点,从国际化需求大、外来者劣势小的业务开始,逐步积累国际化经验,提升管理跨国公司的能力,最终使得自身品牌、技术、管理和产品具有全球影响力。

谈谈保险的组织形式创新
——"人合组织"对保险业或有特殊重要性

锁凌燕

2018-05-15

改革开放近四十年来,保险业一直与时代同行。从计划经济时期的保险"无用论",到改革初期"为国家积累资金"论,再到目前的社会"稳定器"和经济"助推器"论,保险业被赋予越来越重大的历史责任。近期接连发生的若干"大事"可以为证:个人税收递延型商业养老保险试点的启动,表明保险日益成为多层次社会保障体系的重要支撑;国家主席习近平在博鳌亚洲论坛上特别指出要加快保险行业开放进程,保险业作为我国金融业中改革开放的排头兵,依然是塑造国家开放形象、提升国家金融竞争力的重要力量。

虽肩负众望,但保险业自身仍然存在很多不尽如人意之处。保险发挥的作用仍然有限,对消费者的保险教育仍然有待深入,最近媒体上的一些讨论也折射出,保险服务的响应度和完善度仍有许多不能让消费者满意的地方。如此等等,都是行业中"老生常谈"的问题。保险业要治愈顽疾,高质量的创新是必由之路。我们有必要通过积极的组织形式创新,构建不同组织形式并存的产业组织体系,发挥不同要素各自的专业化优势,进一步激活创新主体活力、激励持续的创新投入。

组织形式是生产要素在企业中的组织状态,它表明一个企业的财产构成、内部分工协作,与外部社会的经济联系,特别是法律责任承担的方式。不同的组织形式,会对不同要素产生不同的激励。鉴于中国保险业发展路径的特殊性,保险的组织形式相对单一。但从国际市场来看,保险业可以说是组织形式最为丰富的行业之一,既有以股份制为典型特征的"资合"组织,也有以交互社和相互社为代表的"人合"相互类组织,更有像劳合社这种为保险承保人提供交易场所及撮合等服务的市场型组织。一个有意思的现象是,虽然经历了 20 世纪 80 年代之后的"非相互化"浪潮,2007—2015 年,相互类机构在全球的保费份额从 24.1% 升至 26.7%,保费增幅(20.2%)超过全球保险市场平均水平(8.3%)。借用达尔文"适者生存"之说,这可能暗示着"人合"组织对于保险业具有特殊的重要性。

首先,"人合组织"有制度优势。纵观国际保险发展史,可知保险发轫于"人合组织"——相互类保险,人与人之间的风险共担本身就是保险的出发点。保险业的快速发展则源于"资合组织"——股份制保险,这种组织形式有利于企业规模的扩张,更能体现保险的金融属性。梳理相关文献研究可以发现,相对于所有者、消费者和管理者相互独立的股份公司,相互类保险组织将所有者与消费者统一起来,进而可以将二者在红利分配、融资和投资策略等方面的冲突内部化,从而可以为成员提供更契合需求、更具价格竞争力的产品,对扩大保险覆盖面、促进消费者信任、提高满意度具有积极的作用。例如,创立于2006年的交互社(Privilege Underwriters Reciprocal Exchange,PURE)是近年来增长最快的美国保险机构(年均保费增速超过40%),实现了客户与所有者利益的统一,从而得以专注于为客户提供积极的财产风险管理方案,其高性价比的优质服务有口皆碑,会员流失率仅4.7%。另外,伴随实践的推进,一些交互组织借由实际代理人进入资本市场融资,相互组织也通过持有股份保险公司股票等做法,在很大程度上弱化了规模扩张约束。

其次,"人合组织"能更好地满足新业态、新模式的需要。20世纪末期之所以会出现非相互化浪潮,很大程度上是因为伴随工业化、全球化的推进,熟人社会瓦解,"人合组织"依赖的人际信任变得脆弱,而"资合组织"的制度安排更有利于促进利益相关方的互信;资本市场的发展,使得"资合组织"形成的交易成本显著下降,规模优势得以凸显。但伴随大数据、移动互联网等新技术的发展,经济社会各个层面日益高度连通,借助网络平台高效撮合交易、集合风险变得可行,区块链技术也提供了一个创新性的、实现多边互信的可能性。近年来出现的各类互保互助团体、特别是网络互助团体,就在一定程度上印证了这种可能性,也表明了民间互助合作保险需求正越来越广泛地自发涌现。这些新业态、新模式虽然因不规范而孕育了一些风险,但也体现了受消费者欢迎、高效率等优点,应该理性看待、予以尊重、积极引导规范发展,而互助社、交互社等相互类机构的特质,与之显然具有更高的契合度。例如,2010年成立于德国的Friendsurance,就基于人与人之间的合作,打造了创新型的车险P2P模式:客户购买公司保单,需自发或者在公司帮助下形成一个不少于9人的组织;每一个组织成员的风险相似,彼此之间互相联系、互相监督,如果组织成员均没有出险,成员们均可以获得现金返还(Cashback),从而大大减少了逆选择和道德风险问题。可以说,组织形式的多样性,为新业态、新模式提供了有力的基础设施。

当然,"人合组织"并不是没有弱点。

第一,内部人控制问题。因为没有资本市场中股票分析家、机构投资者和大股东等主体的有效监督与约束,也欠缺股权类薪酬计划等激励管理者的工具,相互类组织可能面临更严重的内部人控制问题。也因为此,"人合组织"的健康发展,对治理、信息披露提出了更高的要求。从经验上看,相互类保险公司的经营效率能够胜出的业务领域,往往呈现损失数据较丰富、业务波动性较低、赔付更受外部法律环境影响、经营对管理层经验的依赖性更低等特征。

第二,适应性问题。虽然人合互助的思想古已有之,但作为一种具体的组织形式,却是不折不扣的新事物,各方主要基于对国际经验的观察、研究者的介绍和自身的认知模型进行预判,很容易产生认知偏差。现有法律框架与新组织的法律地位、利益调节逻辑等也不兼容,需要逐步调整适应。这也是现有三家相互保险会社已经、正在且还会经历的局面。过去一年的相互保险实践表明,如果认知不到位、制度调整跟不上,"人合组织"的制度优势就难以体现,甚至可能被异化;但其发展经历本身及贯穿其中的观察与讨论,也是一个推动保险认知的过程。从这个角度讲,新的保险组织形式,从功能上更应该被看作市场上的"鲶鱼",从定位上应该是创新的探索者。鼓励这种探索,是近四十年改革开放给我们的宝贵启示。

CCISSR 行业发展与规划

打好保险业防范化解重大风险攻坚战

锁凌燕

2018-02-13

近期,中国保监会发布《打赢保险业防范化解重大风险攻坚战的总体方案》(以下简称《方案》),在2017年"1+4"系列文件取得阶段性成果的基础上,部署了做好重点领域风险防控与处置、坚决打击违法违规保险经营活动以及加强薄弱环节监管制度建设等三大领域的工作任务,计划用三年时间完成保险业重点领域风险防范化解处置,以不发生系统性金融风险为底线,推动行业高质量发展,切实打赢保险业防范化解重大风险攻坚战。

在过去一年防风险、治乱象、补短板的行业深度调整过程中,乐观的希望之声在放大,但忐忑和不安的情绪依然存在。细究起来,既有行业自身的原因,也是国民经济运行中的问题和矛盾在保险领域的具体反映。如《方案》所判断,中国保险业正处于防范化解风险攻坚期、多年积累的深层次矛盾释放期和保险增长模式转型阵痛期的"三期叠加"阶段。此时,化解存量风险、防范增量风险、引领行业转型是当下保险监管面临的三大攻坚任务。这三大任务都是难啃的"硬骨头",更何况是要同步"攻坚"。虽然监管工作的路线图、时间表与优先序已经绘就,但是面对复杂变化的外部形势和行业发展的实际情况,重塑监管、打赢这场攻坚战,仍然有一些重要问题亟须深入思考。

第一,把握好"不发生系统性金融风险"的内涵。一般认为,不发生系统性金融风险意味着金融系统整体风险可控,能够避免金融危机的爆发。对外,能够经受国际市场冲击;对内,人们对关键的金融市场整体运转存在信心,市场能够履行配置资源的功能。从风险管理的意义上看,不发生系统性金融风险并没有黄金标准,其要点是将金融风险控制在个案范围内,使得金融市场具备抵御风险、从打击中恢复的能力;鉴于风险形成过程的复杂性和风险因素的多变性,不发生系统性金融风险并不是一个静态的概念,有必要结合具体的市场状况进行分析。就当下中国保险业的情形而言,行业最重要的风险来源是市场深化过程中产生的脆弱性。由于市场化改革还不到位,现代企业制度有待完善,市场机制的自我约束、自我协调、自我修复能力不足,可能出现机构以"发展""创新"为名,用繁杂浮华的手段掩盖高风险的投机、盲目扩张或不恰当的关联交易等行为,进而引发风险的跨机构、跨行业传递。此时,防范化解重大风险,就不仅仅是指对高风险行为的干预,而是在清理监管的真空和盲区、修正异化"创新"的同时,促进市场机制的完善与发展,推动保险业改革的深化。

第二,把握准监管的方法论基础。 历数监管领域的主流理论认识,政产学研各界对系统性风险较多地采取"冲击—传导"的传统分析方法,更多地关注金融体系面临的内外冲击及其蔓延传导所引发的金融危机,政策干预的重点是辨识和处理金融脆弱性的累积。当金融体系被评估为处于稳定区间时,采取预防性政策;在稳定区间的边缘时,采取纠正性政策;处于稳定区间之外(即不能有效履行金融功能)时,采取应对性政策。基于此,所谓的监管主要是采取财务稳健指标、压力测试与标准和准则评估等分析工具,评估金融体系的脆弱性和承受损失的能力,通过管制的弱化或强化实现政府监管目标。需要注意的是,这种"预防式"方法论的适用,是以市场本身自我调节和自我约束机制十分完善为前提的;如果前提不具备,在监管资源相对有限的条件下,就应当更注重以建设性的方法,运用市场力量和近似市场的方法预防、阻止金融危机等方面的有机联系。所以,保险监管在方法论上要高度重视构建行政监管约束、市场竞争约束和社会监督约束多位一体的风险防控体系。从这个意义上讲,接下来的监管改革,应当以制度建设为抓手,更注重制定科学有效的市场监管规则、流程和标准,确保制度的执行力,给予市场明确的信号和预期,以激发市场活力和创造力;创新监管机制和监管方式,加强信息披露,运用市场、信用、法治等手段协同监管,更强调激发市场主体的自我约束力,强调被监管机构高管的责任,强化社会监督。换言之,中国的监管重塑,不仅要有预防式的"堵",还要有建设性的"疏"。

第三,把握住监管的广度和力度。从国际范围内来看,保险业与系统性金融风险的关联主要基于两层认识:其一,伴随保险业在经济中渗透程度的提升,其覆盖面日益拓宽,一个具有系统重要性的大型保险机构的破产,将会导致全国范围内大量个人、企业乃至政府受到损失,保险市场的战略意义日渐增强;其二,创新导致不同金融部门在产品、功能层面的趋同和关联,可能导致信用风险的无序扩张,保险公司业务结构中传统业务的占比越大,与其他金融各部门关联程度越高,越容易聚集系统性风险。从目前中国保险业的发展情况来看,上述两种条件都在逐步具备。如果说经过多年的发展和探索,对财务结果的监管体系已经有了一定认识的话,那么面对新产品或新模式产生的新风险,我们还非常缺乏经验。一般而言,在一种新产品或新模式出现之初,监管者对于风险和经营模式所掌握的信息较少,很难准确把握风险点,更难预知风险形成机制,对风险的判断更多地依靠直觉和经验。在这一阶段,监管不能只停留在对偿付能力和经营结果的监督上,而应关注相应监管制度下的企业行为,将监管关注的领域进一步"前置化"。从风险源入手,兼顾创新资源要素和业务流程:支持创新的资本是否了解并符合保险行业的特征与要求,创新产品是否体现保险的本质定位,促成创新的技术是否带来超出监管范围的风险等都要认真地审视,让功能监管和行为监管协同地发挥作用。

总体来看,保险业问题和风险客观存在,但整体可控,这也为打好保险业防范化解重大风险攻坚战提供了宝贵的时间窗口。在这个过程中,把握好系统性风险干预的内核,找准方法论基础,构建科学完善长效的监管体系,引领保险机构借助需求端良好的条件实现行业的高质量发展,对保险业履行制度责任、发挥应有功能具有重要意义。

健康保险市场发展的方向与战略

锁凌燕

2018-07-17

最近,《我不是药神》掀起观影热潮,也在市场上引发了"保险热",有报道称,支付宝保险类小程序访问量上涨数倍,其中对健康保险的关注尤为突出。这一现象折射出大众对自身健康保障的"焦虑"和担心。医疗保险改革走到今天,从全人口的"面"上讲,基本医疗保险已经基本实现全覆盖,多层次医疗保障体系的目标格局也已经明确;但从个人角度看,居民仍然面临保障缺口,看病难、看病贵的问题尚未得到有效解决,对商业健康保险市场发展提出了很高的要求。中国商业健康保险市场如何深化？新形势下工作的切入点、着力点在什么地方？为了回答这些问题，我们必须厘清健康保险市场发展的逻辑方向和战略目标。

行业发展的逻辑方向可以从历史中探寻。从全球市场的脉络来看，各主要健康保险市场发展大致经历了三个主要阶段。

第一阶段大约是在20世纪二三十年代之前的萌芽期，以"人合"式的互助为主要形式。当时医疗技术尚不发达，个人面临的健康风险主要是患病后可能丧失劳动力，进而导致收入的减少或中断。例如，在1919年的美国伊利诺伊州，个人因患病而导致的工资收入损失约为其支付的医疗费用的4倍。许多国家出现了互助协会和兄弟会等合作组织，由互助组织的医师为患病会员进行诊治，并为患病会员提供一笔现金补贴以弥补其收入损失。

第二阶段大致是在20世纪二三十年代到六七十年代，可以看作传统的医疗保险模式阶段。在这一阶段，随着医疗技术的进步，医疗成本和医疗服务费用的不确定性都大大增加。资料显示，到20世纪30年代，如果罹患严重疾病需住院治疗，需花费的医疗费用显著上升，可能高达一个家庭年收入的1/3，并且呈现持续上涨的趋势。这种状况大大激发了医疗保险的需求，除医疗机构提供的预付费式诊疗计划之外，许多寿险公司在积累了一定经验数据的基础上，积极进入医疗保险市场。这个时期的商业健康保险市场，以补偿性的医疗保险为主要产品形式，以按服务付费(Fee-for-service)为主要医保结算模式，主要功能是改善医疗费用在人群间的分布，提供风险保障。

第三阶段大致始于20世纪六七十年代，是健康保险创新发展的重要时期。此时,各主要发达国家的医疗保障体系趋于完善;但与此同时,伴随社会经济发展和老龄化进程的推进,慢性疾病成为首要的卫生问题,生物科学的迅速发展也带动了医疗技术快速进步,人们日益发现,医疗技术所暗示的医疗"生产"可能性,日益超出普通个体家庭经济承受力,这进一步提升了社会保障体系面临的可持续压力,推动了商业保险成本不断上涨。在这种背景下,提供风险分散已经不再是健康保险演化的主攻方向,保险人越来越需要更深度地参与医疗费用的形成过程,而且社会保险与商业保险在这方面的诉求在根本上是一致的。一方面,两类保险人通过DRGs、总额预算制等预付费型的医保结算制度提供经济激励,希望挤出医疗服务体系中可能的资源浪费;另一方面,也开始提供从预防到治疗的各个环节的健康管理服务,推动被保险人群体全生命周期健康水平的提升,以降低整体支付压力。也是在这个过程中,管理医疗等创新模式不断发展,保险人的角色开始复合化,他们不再只是简单的医疗费用的支付者,还开始影响、参与大健康产业链,进而开始塑造一国卫生健康体系的成本分布、质量水平乃至国际竞争力,"治理"能力日益提升。

可以说,健康保险一路走来,就是顺应健康风险的时代趋势,通过商业模式的重建和变革,不断丰富自身内涵并向高阶形态演化。这是时代大势,也是行业发展的逻辑方向。

步入新时代,中国健康保险发展面临的形势比主要发达市场在第三阶段遇到的更为复杂:一是"未富先老",快速的老龄化,叠加与现代化和城镇化进程相伴随的生活方式转变,导致疾病谱提前于经济发展阶段升级,卫生健康体系承受的需求压力与支付能力的差距更为突出;二是医保的"治理"能力滞后,出于发展路径的原因,商业健康保险人的健康风险管理能力有限,社会保障机构也尚未形成有效的医疗健康服务购买机制,能够有效评估医疗技术进步的成本与质量含义的主体缺位,直接导致保险与健康产业的有效互动不足,进而可能出现医保覆盖范围与实际医疗需求不协调、不匹配的情况。

面对这种局面,社会医疗保险制度改革的重点已经转向机制体制的完善,由外延扩张(扩面、提待)转向内涵挖潜、效率改进。国务院机构改革组建国家医疗保障局,就是希望整合医疗保障管理职责和医疗医药定价职责,确保医保资金合理使用、安全可控;而医疗保障局有能力也应该成为具备长期战略眼光的购买者,势必将越来越拥有影响医疗服务业和医药行业发展格局的能力。健康保险业要承担起制度责任,应该顺应趋势变化,从更大的格局和视野思考未来的战略方向。

第一,单纯提供健康风险保障不是保险业的未来。从商业健康保险发展的逻辑看,保险业未来的功能将是复合性的。当前中国商业健康保险业的部分业务收入来自具有寿险属性和经营特点的重大疾病保险。这类产品的经营风险相对容易管控,也易被消费者理解和接受,但对于保险业提升专业能力、参与健康保障生态的助益有限。

第二,健康保险业的战略首选是进"生态圈"。在现有卫生体制环境下,医疗行业的利益格局已经相对固定;也因为医疗行业的专业性强、数据敏感度高、政府参与度高,健康保险业在既有产业链条中的地位不显、专业优势不突出,很难承担主导性角色,政府主导的社会医疗保险才有主导医保"治理"体系建设的可能与能力。商业保险机构应当与"领军者"成为战略伙伴，协助推动医疗保险核算、精算、风险管理、理赔、支付方式等各项操作标准和制度的改革与完善。

第三，保险业应当积极参与布局健康生态的未来格局。商业保险业的优势，不光在于能为民众提供多样化、个性化的健康保障产品与服务，还在于能调动资本力量、推动创新。伴随新兴技术的发展与成熟，健康产业生态圈也在发生新的变化，新业态、新主体不断涌现，商业保险应该积极关注、参与、协调外部创新，在"增量式"的生态领域积极作为。

台风"安比"与突发公共事件风险管理

刘新立

2018-07-31

2018年7月23—24日,北京遭遇了少见的台风雨,作为当年影响我国范围最广的台风,第10号台风"安比"减弱成热带风暴给北京带来大量降水。台风一直被很多人认为是广东、福建等东南沿海地区才会出现的天气现象,但实际上,中华人民共和国成立以来曾经有7次台风减弱后的低压经过或接近北京,由此看来概率也不低。作为首都的北京,建立针对自然灾害、意外事件等突发风险事故的风险管理体系,是全面保障城市安全及灾后恢复的有力措施。

根据国务院发布并实施的《国家突发公共事件总体应急预案》,突发公共事件主要分为自然灾害、事故灾难、公共卫生事件和社会安全事件四类。北京因有负首都的区位功能,这四类事件的风险都很高。

在自然灾害方面,北京处于华北平原—山西和张家口—渤海三大地震带交会部位,地震风险较高,是和东京、墨西哥城并列为世界上仅有的三个8度设防超大型首都城市。长期以来,以北京为核心的首都圈地区被列为全国地震重点监视防御区。未来一定时期,我国大陆仍处于强震多发时段,北京面临大震风险。北京面临的另一自然灾害风险是暴雨洪涝灾害风险,可分为山洪灾害、河道洪水灾害和城市暴雨内涝灾害三种类型。分析北京的地方志资料可知,北京发生暴雨洪涝灾害约两年一遇,虽然近年来由于北方地区持续干旱的影响,北京出现洪涝灾害的次数明显减少,但也发生了"7·21"暴雨灾害,损失接近五百年一遇。事故灾难事件具有严重的危害性,短时间内就会造成大量的人员财产损失,而且可能出于各种原因造成次生灾害或者影响长时间内难以消除,对社会稳定和经济发展造成严重威胁。在公共卫生事件方面,近二十年间现有记载的北京特别重大及重大级别突发性公共卫生事件近50起,此类事件的危害性严重,一旦发生就会迅速地演变和传播,不但极大地危害社会群体的人身健康,尤其对社会稳定及经济的发展造成负面影响。社会安全事件具有高度的社会危害性,其特点包括发生的突发性、原因的多样性、影响的社会性、过程的连锁性、后果的危害性、应对的复杂性。现代城市灾害具有很大的不确定性,且由于首都的特殊区位功能，北京面临的上述各类风险所导致的影响可能还会成倍扩大，致灾的易损性很大，只有采取系统的风险管理措施才能有效降低灾害的影响，将被动防御转为主动应对。

首先，在应急管理方面重点把握最关键的要素（如指挥中心），加强最薄弱的环节（如人员密集场所风险防范），防范最危险的风险（如各类生命线系统、工业化事故及泄漏危险源等），将有限的资源按重要度集中到最主要的领域。可以借鉴日本东京"首都圈八都县市应急救援协作体制"的经验，建立京津冀都市圈联合应急管理体系，打造由各利益相关方组成的制度化平台，建立可进行利益表达和利益协调的城市灾害应急委员会；制定综合防灾管理法规和技术标准，建立常态化的专家咨询会和民众听证会制度，并严格执行以确保城市规划和建设的民主科学；完善保障非政府组织发展的制度，增强社会参与；落实政府信息公开相关规定，加强舆论引导。在应急响应方面，很多技术已经较为先进。如北京市地震局在"十三五"时期防震减灾规划中就提出，将建设大震风险预警系统，实现地震发生后的5至10秒内向震中周边区域发出超快测报预警，实现地震速报信息公众全覆盖，即地震波未到，通过电磁波传输的手机短信就已经收到，以便居民采取切断煤气等应急措施减小灾害。又如在此次台风"安比"到达前，全市共有132个景区暂时关闭，北京市气象台也于24日9时升级发布暴雨黄色预警。由于这次预警比较及时，各部门都提前做好了应对措施。比如通州大部分的水会流入北运河，而北运河从前一天下午就开始提前放水，处于低水位运行，为排洪腾出了一定的空间。

其次，加强韧性城市建设。城市应具备从变化和不利影响中反弹的能力,应提升对于困难情境的预防准备、响应及快速恢复的能力。随着城市的不断发展壮大,而且日益面对气候变化等不确定性因素的挑战,韧性已成为城市的重要特性。韧性的风险管理需求与保险的风险管理职能越来越能深度契合。过去灾害管理的工作重点是危机管理,社会总是从"一个灾害走向另一个灾害",很少降低灾害风险。正因为此,联合国"国际减灾战略"(ISDR)活动提出"抗御灾害向风险管理转变"以及从"灾后反应"向"灾害预防"转化的理念。风险管理体系是指把风险的管理与政府政策管理、计划和项目管理、资源管理等有机地整合在一起,包括建立风险管理环境、确认主要的风险、分析和评价风险、开发有效的方法降低风险等,而保险是一类重要的风险管理手段,从加强韧性城市建设方面来说,保险可以发挥独特的作用。因此,政府应当在对这些风险进行危险性评价及脆弱性评价的基础上,针对北京的城市特点,推行包括风险保障在内的一揽子保险计划。

  城市发展绝不仅是经济实力、科学与信息之争,还是包括生态环境及减灾防灾在内的城市安全度之争。建设全面的针对突发公共事件的风险管理体系,将风险管理措施应用于备灾、响应、恢复与减灾等各环节,是提高北京城市韧性的有力手段。

农业收入保险促进农业保险转型升级

刘新立

2018-09-18

近日,财政部、农业农村部和中国银保监会共同印发了《关于开展三大粮食作物完全成本保险和收入保险试点工作的通知》,推动农业保险的保障水平在目前种子、化肥等物化成本和地租成本的基础上,进一步增加劳动力成本至覆盖全部农业生产成本或直接开展收入保险,促进农业保险转型升级。放开小麦、水稻市场价格,完全成本保险可以为收入保险打下基础,它隐含了土地、劳动等生产要素的平均价格,体现了农户的物权收益和劳动力收益,是一种准收入性质的保险。在玉米价格完全放开的地区,则直接开展收入保险。实际上,对于关系国计民生的重要农产品实施价格支持政策是市场经济发达国家农业支持与保护体系中比较普遍的做法,而且粮食价格政策从价格干预逐渐向收入支持转变。因此,这一通知的出台,是在原有以保障物化成本为主的农业保险的基础上向前迈出了一大步,是新形势下完善我国粮食作物支持保护政策、保障粮食安全的重要举措。

近年来,我国农业保险发展迅速。统计数据显示,2007—2016年的10年间,我国农业保险提供风险保障从1 126亿元增至2.16万亿元,年均增速为38.83%。农业保险保费收入从51.8亿元增至417.12亿元,增长近700%;2017年,农业保险原保险保费收入继续增至479.06亿元。但与此同时,随着农业生产的发展,农业保险经营过程也出现了一些新情况、新问题。例如,保险责任以自然灾害、意外和疾病等为主,保障水平仍以直接物化成本为主,与农业的实际生产成本有较大差距。同时,大灾风险分散机制仍不健全,保险公司面临提高保障水平后赔付波动加大等风险。而完全成本和收入保险试点,是我国农业保险由"保成本"向"保收入"的重要转变,对推动提升农业保险服务能力、促进农业保险转型升级具有重要意义。

粮食产销过程所面临的种种不确定性是多种风险的集合,而之前我国采取的主要措施仍然以控制型风险管理措施为主。例如针对粮食生产过程面临的自然灾害或病虫害等风险,我们的主要措施是培育推广高产抗灾优良品种、提高粮食作物抗风险能力以及农民防灾减灾能力,虽有农业保险,但因为主要保障物化成本,所以在没有遭受大灾的情况下,实际发生的作用较微小。针对粮食销售过程面临的价格波动风险，主要通过最低收购价政策进行管理。相对于这些更偏重安全管理的措施而言，融资型风险管理措施的发展是不足的。国际粮食价格"天花板"封顶和成本"地板"抬升的挤压、世界贸易组织规则下农业生产和价格补贴的"黄线"以及资源环境的"红灯"，是新形势下我国粮食安全面临的新挑战。

同时，农作物收入保险的实施也具有一定的挑战性。首先，收入保险的定价及产品设计需要多年的产量数据、可靠的市场价格数据以及预测性较强的期货价格数据，而且基本单位要足够小，这样以此区域为单位的产量、价格的数据甚至直接的收入数据才可以使收入保障水平的确定、费率厘定等过程较为精细和准确。美国农作物收入保险大范围推广的经验之一，就是美国的土地利用信息十分完备，每一块耕地都有完整的编号、面积、形状、位置等基本信息，并能实现对土地产权、种植计划等方面的动态监测。这有利于掌握投保人的基本情况，可以有效地减少道德风险和逆选择，同时还可以根据土地的耕种条件、田间管理条件等进行细致的风险区划和更加精确的费率厘定，在不同的风险区域实施差异化的费率和补贴政策，使农作物收入保险获得更好的实施效果。因此，收入保险对基础数据的要求更高，需要积累农作物主产区的单产、价格、收入，以及种植大户的种植规模、计划、土地流转等一系列数据和信息。

其次，应加大对收入保险的宣传力度。之前的物化成本保险经过较长时间的推广，农民已经普遍接受，而收入保险需要综合考虑产量和价格风险，其模式较为复杂，在宣传上应投入一定的精力，只有农民对这一新产品有认识、有信心，收入保险才有很好的推广前景。

再次，收入保险能够可持续发展还有赖于市场化的价格形成机制。农作物市场化的价格形成机制可以让市场更好地发挥调节作用，可以平衡农作物的供求，促进农业的健康发展，对农作物收入保险的发展十分必要。收入损失风险相对于单纯的价格风险更具可保性，一个重要的原因就是利用了产量与价格之间的负相关关系所带来的"对冲效应"。而这一"对冲效应"发挥作用的前提则是市场化的交易条件。在市场化条件下，产量或者供求与价格的相互影响机制才得以发挥作用。因此，政府应促进实施收入保险的农产品价格形成机制的市场化进程，减少对价格的干预，让农民根据市场信号调整种植规模，为收入保险的开展和可持续发展创造必要条件。

最后，保险公司还应做好相关风险的分散。在美国农作物收入保险的发展过程中，美国完善的再保险机制发挥着关键作用。大宗农产品的价格波动具有一定的系统性特征，而且我国的粮食价格形成机制正处于市场化的改革过程中，价格波动相对更大。因此，保险公司在风险管理和控制问题上应加大支持力度，利用再保险、各层级的大灾风险准备金等方式做好风险的分散和防范。

频发的自然灾害,尴尬的巨灾保险现状

刘淑彦

2018-10-09

2018年夏天频发的台风,给我国经济社会带来了巨大的财产损失和人员伤亡。8月中下旬受台风"摩羯""温比亚"的影响,山东潍坊市遭遇罕见的暴雨洪涝灾害,造成直接经济损失92亿元,13人死亡。9月中下旬,台风"山竹"在广东台山海宴镇登陆,广东、广西、海南、湖南、贵州五省份均受严重影响,造成近300万人受灾,农作物受灾面积达174.4千公顷,直接经济损失52亿元。

巨灾保险作为巨灾风险管理的重要手段,

在应对地震、台风等重大自然灾害或重大人为灾难中理应发挥重要作用；但实际上，我国的巨灾保险仍处在初级发展阶段，表现为保险赔付在巨灾损失中占比较低。从历史数据来看，1998年，我国特大洪灾导致2 484亿元的直接经济损失，但保险赔付仅33.5亿元，占直接经济损失的比例为1.3%；2008年南方冰灾，保险赔付84亿元，占直接经济损失（1 516亿元）的比例不足6%；2008年5月汶川大地震，保险赔付约为20亿元，占直接经济损失（8 451亿元）的比例不足1%。从近几年的数据来看，保险赔款占灾害损失的比例仍处在较低水平。2014年8月的云南鲁甸地震，直接经济损失约为63亿元，而保险公司的估损金额仅734.5万元，仅占直接经济损失的0.1%。而从全球范围来看，2016年灾害总损失和保险损失分别为1 750亿美元和500亿美元，保险赔款在灾害损失中所占的比例高达30%，个别国家这一数据甚至达到60%。从这些数据可以看出，相比于世界平均水平，我国保险赔付占巨灾损失比例明显偏低。为什么会这样？笔者认为，主要有以下几点原因。

第一，从巨灾保险的供给端来看，技术水平低和数据不足限制了巨灾风险的可保性。根据传统理论，可保风险应同时满足以下六个条件：(1) 经济上具有可行性；(2) 存在独立、同分布的大量风险标的；(3) 损失概率分布是可以被确定的；(4) 损失是可以确定和计量的；(5) 损失的发生具有偶然性；(6) 特大灾难一般不会发生。之所以认为一般情况下巨灾风险不在商业保险的可保风险范围之内，是因为巨灾风险难以完全满足以上全部标准。

随着再保险市场和资本市场的扩大以及现代科技的发展，巨灾风险也逐渐具有可保性，巨灾风险也逐渐被部分保险公司列在保险责任范围之内。只是从我国保险市场的实际情况来看，商业保险公司开发巨灾保险产品的技术水平较低，极大地限制了商业保险以合理价格提供巨灾保险产品的能力。巨灾风险的评估难度远高于其他风险类型。对于一般的风险类型而言，评估风险和确定保费可以基于过往的损失数据，利用传统的精算模型进行评估。但对于巨灾风险来说，一方面过往的损失数据资料较少，例如地震灾害往往数十年甚至数百年才发生一次，数据量不足；另一方面巨灾风险的厚尾特征更为突出，风险的预测难度大，巨灾风险的评估往往还需要依赖于巨灾危害度分析和建筑物巨灾损害分析，无法直接基于损失数据用传统的精算模型评估。因此，巨灾风险信息的获取难度和巨灾产品的设计难度，使得保险公司对巨灾保险的承保意愿较低。

第二，从巨灾保险的需求端来看，巨灾保险观念尚未深入人心，相比其他一般风险，人们对巨灾保险的需求更低。造成这一点的原因主要有两个方面：一是政府补贴等政府救援方式作为我国目前巨灾灾后处理的重要手段，对巨灾保险的需求产生了挤出效应。巨灾风险被视为一种"准公共风险"，当政府在巨灾风险中承担了更多的风险转移和分散责任时，人们会更依赖政府，从而降低了个人购买巨灾保险以管理巨灾风险的积极性。二是人们普遍对巨灾保险不够了解，认可度较低，因而对巨灾保险的购买意愿相对较弱。

第三，法规制度不健全是制约巨灾保险发展的一个重要原因。保险市场较为发达的国家一般都建立了一套完备的巨灾保险法制体系,对巨灾保险的运作模式、保障范围等内容做出详细的规定,例如日本1966年通过的《地震保险法》。而我国目前虽然已经出台相关规范性文件,但一般限于笼统的政策性号召性文件,相关的立法和应急方案也多为政府的灾后救济制度,尚未形成一套完备的法制体系,这也限制了我国巨灾保险的发展。

健全责任保险体系：利己又利他

丁宇刚

2018-11-27

2018年11月11日，国家药品监督管理局会同国家卫生健康委员会起草的《中国人民共和国疫苗管理法（征求意见稿）》（简称《意见稿》）公布，并向公众征求意见。《意见稿》第二十九条指出，"国家实行疫苗责任强制保险制度；疫苗上市许可持有人应当购买责任保险；疫苗出现质量问题的，保险公司在承保责任范围予以赔付"，明确了责任保险在疫苗安全问题上的地位和作用，也意味着我国将向完善的责任保险体系迈进一步。

疫苗责任保险属于产品责任保险,具有一般责任保险的"利己"和"利他"性质。以疫苗责任保险为例,责任保险的"利己"性质表现为两方面:一方面疫苗责任保险可以减少疫苗生产企业责任赔偿损失。当上市疫苗出现质量问题并造成接种者损害时,根据民事法律赔偿原则,疫苗上市许可持有人应对受害人进行赔偿,而疫苗责任保险可以转嫁部分疫苗上市许可持有人的赔偿责任,从而减少其由损害赔偿责任造成的直接经济损失。另一方面,购买疫苗责任保险可以为疫苗上市许可持有人带来"正面效应"。如果疫苗上市许可持有人购买了疫苗责任保险,可以保证其在造成他人损害时受害人能得到赔偿,那么这种做法无疑能为企业树立良好形象,增强消费者对企业的信任。不过,责任保险更重要的性质是"利他"。人们在现代经济社会中的活动是在一定的法律范围之内进行的,会出现因违反法律而造成他人的损伤或者他物的损害,并由此承担经济上的赔偿责任的问题。责任保险的"利他"性质正基于此。例如,当因疫苗质量问题而造成疫苗接种者损害时,疫苗责任保险能够及时进行赔偿,这样可以及时弥补受害人的损失;而如果没有疫苗责任保险,受害人很可能得不到有效的、及时的赔偿,这会引起受害人的不满,甚至可能引发社会问题。

因为责任保险具有"利己"和"利他"的性质,所以建立健全责任保险体系具有十分重要的意义。首先,责任保险的构建有利于企业和个人转移责任风险,避免重大财务危机;其次,责任保险的构建有利于消费者及时、有效得到伤害赔偿,切实保护消费者权益;最后,责任保险的构建有利于减少政府参与责任风险事故善后的时间、人力和财力耗费,从而促进政府职能转变并提高行政效率。因此,我国应当大力发展责任保险,建立健全责任保险体系。

近年来,我国责任保险已有一定发展。2013—2017 年,我国责任保险保费规模由 216.63 亿元增至 451.27 亿元,年均增速为 20.14%;责任保险保费占整个财产保险市场保费的比例由 3.49% 升至 4.59%。同时,多个专项责任保险(如医疗责任保险、环境污染责任保险和食品安全责任保险)的开展,以及此次疫苗责任保险的提出,都是我国责任保险体系不断完善的表现。但是,我们也应该认识到与发达保险市场的差距。这种差距不但体现在我国责任保险比例很低,而且体现在我国还有很多种类的责任保险仍处于空白状态。因此,虽然我们正在建立健全责任保险体系的路上,但道路还很长,前行路上还存在诸多阻碍因素,包括责任保险自身因素和外部环境因素。自身因素主要指相比于一般财产保险,责任保险涉及的风险更复杂,对风险管理技术和人才的要求更高,使得经营责任保险较难,从而在一定程度上抑制了责任保险的发展。外部环境因素主要有两点:第一,法律制度不够完善。只有存在法律明确规定某种行为会产生法律责任风险时,有关单位和个人才会产生通过责任保险转嫁这种风险的需求,责任保险的必要性和重要性才会为人们所认识和接受。从实践来看,在当今世界责任保险最发达的国家,也是各种民事责任法律最完善、最健全的国家。我国的法律制度还不够健全,这也是制约我国责任保险发展的根本原因。第二,公众的法律意识薄弱。一方面,很多单位和个人往往只注重保障自己的财产,而忽略对他人应承担的责任;另一方面,受害群体往往不懂得或者没有意识到应该通过法律来维护自己的合法权益。这两方面因素共同作用,导致很多单位和个人没有购买责任保险的意愿。

由此可见,我国要在健全责任保险体系的路上前行得更顺利、更远,就必须扫除上述障碍。首先,进一步加强法律制度的建设,创造责任风险转移需求,为责任保险发展提供基石。只有出台相关法律规定,才会出现相应的责任保险,企业和个人才可能有意愿购买责任保险。其次,努力提高公众的法律意识。很多时候即使有了法律,但是人们由于法律意识薄弱,不一定必然产生对责任保险的需求,我们要大力提高民众的法律意识,从而激发社会购买责任保险的意愿,甚至对某些责任保险推行强制保险制度。最后,还要加强对风险管理人才的培养。在完善的法律体系和个人逐渐增强的法律意识的基础上,再加上人才和技术的支持,经营责任保险所涉及的风险才能得到有效管理,责任保险市场才能得到可持续的发展。相信随着我国法律制度的不断完善、企业和民众法律意识的不断加强、风险管理技术的不断提升,我国责任保险将会不断发展。

CCISSR 政策与监管

监管新政下的寿险"开门红"

刘新立

2018-01-30

2017年,中国保监会陆续发布了《关于规范人身保险公司产品开发设计行为的通知》(134号文)、《关于进一步加强人身保险公司销售管理工作的通知》(136号文)、《关于组织开展人身保险治理销售乱象打击非法经营专项行动的通知》(283号文)等,由这些文件的集中发布可以看出,监管部门针对寿险业的销售乱象、渠道乱象、产品乱象等多年顽疾的治理决心。在这些措施中,134号文主要针对产品设计,136号文则针对产品销售。134号文的核心内容包括：两全保险产品、年金保险产品，首次生存保险金给付应在保单生效满 5 年之后，且每年给付或部分领取比例不得超过已交保险费的 20%；万能型保险产品、投资连结型保险产品，应提供不定期、不定额追加保险费、灵活调整保险金额等功能。保险公司不得以附加险形式设计万能型保险产品或投资连结型保险产品。相比之下，前者的影响更大，直接影响到寿险公司一年一度冲业绩的重头戏"开门红"。"开门红"作为寿险公司营销推广中的一种特殊方式，是指采取各项措施以达到在公历新年获得大额保费收入、为全年业绩夺得好彩头的营销现象。它最早出现于 20 世纪 90 年代，由于农历新年后部分寿险产品的费率要有所提高，为了依靠较低的费率吸引更多客户，代理人在 1 月份便开始着手准备产品宣传、客户储备和预收保费。随后，行业现象逐渐普及，"开门红"式销售在寿险公司中一直有着"一步先，步步先；开门红，月月红"的既定印象，因此多数寿险公司对这一期间的保费收入抱有高度的期望。2015—2017 年寿险首月原保费收入分别为 3 114 亿元、5 397 亿元和 7 517 亿元，同比增速分别为 20%、73% 和 40%，在全年保费中占比分别为 19.63%、24.88% 和 28.88%，确实比较可观。但 2018 年"开门红"却不容乐观，很多寿险公司保费收入负增长，尤其对中小保险公司影响较大，即便是大型保险公司，部分增速降幅也达 20%—40%。究其原因，一方面源于 134 号文带来的主力产品大切换，新政策需要新的销售模式，新产品需要新的销售逻辑，市场和销售队伍还在适应和磨合；另一方面是欧美加息促使中国被动地加息，加之年底理财市场火热，银行拉存款、基金销售也加入竞争，使得寿险年金产品市场竞争力有所减弱。

表面上看,这些压力的出现是由监管新规带来的;但实际上,因为市场中一些乱象的存在已经影响到寿险市场的可持续健康发展,所以放慢脚步调整方向是迟早的事,而且调整阶段的脚步放慢,不应被看作负面状态。行业在监管政策的引导下进行的调整,相比遭受市场教训后的被动调整要更为积极。这就像当年美国金融危机后的反思,核心教训之一就是如果监管在之前能加强引导,行业也不会在逐利狂欢后坠入深渊。

监管系列文件中涉及的销售乱象、渠道乱象、产品乱象及非法经营等问题的核心之一是,如何引导消费者。从产品角度来说,突出返还和收益,使得消费者越来越抛开对产品保障性能的关注;从渠道角度来说,媒体报道中的乱象重灾区是银邮渠道,而将保险混同理财产品进行销售已是多年的顽疾;从销售角度来说,"炒停"营销屡见不鲜。中国寿险业的发展时间不长,消费群体总体上对这一无形的产品并没有一个完整的认识,与之直接接触的行业力量便是最重要的引导者,产品、销售、渠道的引导,将决定消费群体的口味。在营销过程中运用一定的心理方法无可厚非,但这些心理战术的基础应该是使潜在购买者更直观地感受到保险这种无形产品的价值,从而激发起购买欲望,而不是在消费者已有的理财欲望上做文章。如果从初始的产品设计风格到末端的销售都只是基于如何获取确定性的收益,则既是浪费了保险这种独一无二的产品的优势,又是浪费了诸多心理战术的魅力。这样做反而把消费群体的口味引导到歧途上,一旦这种口味被引导为只看重收益,那么期望再把它拉回到关注风险、重视保障,就像对已有的画作进行修改,这会比一开始在白纸上作画更难。可持续发展的问题在诸多领域呈现类似的趋势。例如种植业，如果对土地疏于养护而一味种植高产品种，则很可能在一段时间后出现肥力下降，进而影响产量。只有对需求侧有良性的引导，未来的发展才可能更快地进入良性循环。因此，从这个角度来说，"开门红"期间保费增速的下降，不能绝对地看作一种负面结果。

此外，保险业的竞争格局也在悄然发生变化。2018年，互联网巨头BAT在保险业的布局日渐清晰。这些自带流量、追求创新、坚持用科技赋能金融的互联网企业，会给传统保险公司带来何种影响，这也是比"开门红"的不利更需关注的问题。互联网金融风生水起，科技赋能金融被认作下一个风口。但实际上，互联网保险与其他互联网金融行业相比，创新能力明显不足，并没有出现改变行业的产品和服务。更多的时候，互联网保险只是将业务从线下转移到线上。这同样源于对"保险姓保"这一特质以及可持续发展的忽视。一些保险公司已经认识到这一点，它们利用尖端科技完善并升级现有保险产品、开发创新型产品并重塑行业格局。其中的关键技术包括云计算、物联网、大数据、人工智能和区块链，而云计算、物联网及大数据的应用已经开始对保险业产生重大影响，未来大数据、人工智能和区块链的进一步应用则会给行业带来更大的冲击，诸如柔性轻负载无线睡眠监测系统、高分辨三维成像技术等都可能成为保险产品在保障创新方面的左膀右臂。站在这样的角度，再回头看本年不利的"开门红"，更能感觉到监管引导与方向调整的意义。

失业保险的"变身"

郑 伟

2018-02-08

失业保险,顾名思义,当参保人失业时,可以领取失业保险金,保障基本生活。在中国,自然也是如此。但同时,近年来中国还在探索构建一条"三位一体"失业保险制度的改革之路,以期更好地发挥失业保险的综合制度功能。从过去几年的改革实践和近期公开征求意见的《失业保险条例(修订草案征求意见稿)》(简称《修订草案》),我们可以看到失业保险"变身"的轨迹。

现行《失业保险条例》(简称《条例》)颁布于

1999年，规定失业保险基金用于下列支出：失业保险金、医疗补助金、死亡的丧葬补助金和其供养的配偶与直系亲属的抚恤金、职业培训和职业介绍补贴等。根据《修订草案》，失业保险基金的支出范围有一定调整，主要表现为：其一，保留失业保险金、丧葬补助金和抚恤金、职业培训补贴；其二，取消职业介绍补贴（职业介绍已纳入政府公共就业服务系统，故无实质影响）；其三，将医疗补助金调整为代缴基本医疗保险费；其四，新增代缴基本养老保险费、技能提升补贴、稳定岗位补贴、职业技能鉴定补贴和创业补贴。

从基金支出项目的调整看，失业保险的制度功能将从"保障生活＋促进就业"向"保障生活＋预防失业＋促进就业"转变，不但制度功能从"双项"变成了"三位一体"，而且每个功能领域的内容更加丰富。

首先，在"保障生活"方面，除了保留失业保险金、丧葬补助金和抚恤金，调整涉及两个方面：一是将医疗补助金调整为代缴基本医疗保险费，二是新增代缴基本养老保险费。这两项调整对于保障失业人员患病期间和退休之后的基本生活具有积极的意义。

关于医疗保险，现行《条例》规定："失业人员在领取失业保险金期间患病就医的，可以按照规定向社会保险经办机构申请领取医疗补助金。医疗补助金的标准由省、自治区、直辖市人民政府规定"。在实践中，有的地区采用定额补助方式发放，有的地区按照住院治疗费用的一定比例发放，不利于从制度上保障失业人员的医疗保险待遇。《修订草案》将医疗补助金调整为代缴基本医疗保险费,确保失业人员继续参加基本医疗保险,享受基本医疗保险保障。

关于养老保险,现行《条例》没有关于失业人员养老保险的规定,《修订草案》新增失业保险基金可以代缴基本养老保险费,解决了失业人员养老保险缴费中断问题,有利于保障失业人员退休后的基本生活。

其次,在"预防失业"方面,新增技能提升补贴和稳岗补贴,其中技能提升补贴针对参保职工,稳岗补贴针对参保企业。这两项政策都是重要的制度创新,对于发挥失业保险的"预防失业"功能具有十分重要的意义。

技能提升补贴是2017年的一项新政策。2017年4月国务院发布《关于做好当前和今后一段时间就业创业工作的意见》,规定"依法参加失业保险3年以上、当年取得职业资格证书或职业技能等级证书的企业职工,可申请参保职工技能提升补贴,所需资金按规定从失业保险基金中列支"。2017年5月,人社部和财政部发布《关于失业保险支持参保职工提升职业技能有关问题的通知》,明确职工取得初级、中级、高级职业资格证书或职业技能等级证书的,可申请一般不超过1 000元、1 500元、2 000元的技能提升补贴。我国经济正在从高速增长向高质量发展转变,在这一转变过程中,对高技能人才的需求与日俱增,技能提升补贴政策不但有利于激励参保职工学习职业技能、提高就业竞争力、降低失业风险,而且对于我国从制造业大国向制造业强国、从"中国制造"向"中国创造"转变具有积极意义。

稳岗补贴是指对采取有效措施不裁员、少裁员、稳定就业岗位的企业,由失业保险基金给予的稳定岗位补贴。2014年11月,人社部、财政部、国家发改委和工信部发布《关于失业保险支持企业稳定岗位有关问题的通知》,规定在"上年失业保险基金滚存结余具备一年以上支付能力"的统筹地区,符合"依法参加失业保险并足额缴纳失业保险费、上年度未裁员或裁员率低于统筹地区城镇登记失业率"等条件的企业,可申请稳岗补贴。政策实施范围由初期的"兼并重组企业、化解产能严重过剩企业、淘汰落后产能企业"等三类企业扩大到"所有符合条件的企业"。稳岗补贴的标准为"不超过该企业及其职工上年度实际缴纳失业保险费总额的50%"。2017年9月,人社部发布通知,决定2018—2020年在全国实施失业保险援企稳岗"护航行动",为企业脱困发展、减少失业、稳定就业护航。正如几年前人社部一位负责同志所评价的,实施稳岗补贴政策,使得"制度实现了预防失业'关口'前置、防线前移,为稳定全国就业局势发挥了重要作用"。

最后,在"促进就业"方面,除了保留职业培训补贴,还新增失业人员的职业技能鉴定补贴和创业补贴。我们知道,加强职业培训、提高职业技能和鼓励创业是促进就业的几项重要举措,利用失业保险基金对这几个方面给予补贴支持,有利于鼓励失业人员提升技能、主动创业、尽快实现再就业。与现行《条例》相比,《修订草案》中失业保险"促进就业"的政策工具更加丰富,政策力度显著增大。

总体而言,此次失业保险条例的《修订草案》,可圈可点之处颇多,比如拓宽了基金支出范围、提高了失业保障水平、扩大了受益对象等。这些都是"正能量",都是好事。但同时,有一个理论上仍在持续探讨、实践中也应当高度关注的问题是,如何确定一个适度的失业保险保障水平?这是一个"两难"的问题:一方面失业保险要保障失业人员的基本生活,毕竟要"不忘初心,牢记使命";另一方面失业保险又要防止"养懒汉",毕竟"幸福都是奋斗出来的"。

PPP 视角下的巨灾保险制度建设
——国际经验和中国道路

王瀚洋

2018-05-25

十多年前，汶川经历了八级大地震，近七万同胞罹难，直接经济损失高达 8452 亿元。但是地震天不塌，大灾有大爱，全国人民众志成城，抗震救灾，今日的灾区早已新城拔地起，废墟换新颜。十多年过去了，抚今追昔，不禁让人感慨万千。巨灾作为不可抗力因素，从未远离我们，能否建立一个完整的巨灾保险制度，发挥保险作为风险管理重要工具的功能，做到灾前预防、灾时预警、灾后补偿呢？这是一个值得探索的重要问题。

坦率地说,十多年来,中国巨灾保险制度在探索中不断前行,各地陆续开展了不同形式的有益尝试。比如2012年年初,云南保监局、云南省地震局、云南财经大学和诚泰保险股份有限公司等单位共同开展了地震险课题研究,并将研究报告《云南地震保险制度构建及实施研究》上报中国地震局。2015年8月20日,全国首个政策性农房地震保险试点在大理正式启动,云南大理州政策性地震指数保险落地,诚泰财产保险股份有限公司作为主承保人,中国财产再保险有限公司作为首席再保人,试点期3年。2016年云南"5·18地震"后3个工作日内,主承保人诚泰财产保险股份有限公司完成2 800万元赔款,之后一周,2 178.4万元理赔资金就拨付至受损最严重的云龙县。大理州政策性地震指数保险在试点期内共完成3次理赔,累计赔付6 353.76万元,惠及群众15 049户。其中,重建2 073户,户均增加资金1.4万—2.5万元;修缮加固12 976户,户均增加资金0.1万—0.2万元,财政资金杠杆放大效应高达15.6倍。再如2015年4月,45家财产保险公司组成的中国城乡居民住宅地震巨灾保险共同体宣告正式成立;2016年7月1日,中国城乡居民住宅地震巨灾保险产品全面销售,标志着我国城乡居民住宅地震巨灾保险制度正式落地。截至2017年8月,中国城镇居民住宅地震保险已经为150多万户居民提供超过670亿元的风险保障,承保标的19.8万个,保险金额高达188.75亿元。除此之外,广东、黑龙江、宁波等地出现了不同结构的巨灾保险产品,中国巨灾保险市场初步形成。

但是,我国巨灾保险市场仍不健全,制度设计亟待完善,具体表现在以下三个方面:一是区域性保险产品很难发挥大数法则的作用。大数法则是保险产品成功运营的保证,而巨灾会造成大量同质的风险标的同时索赔,因此传统上被认为是不可承保的风险。但是,如果风险池足够庞大,即业务覆盖范围足够广,那么总体层面索赔的相关性就会下降,由此保险人可以承保巨灾风险。二是补偿为主的巨灾保险,既没有运用保险公司、再保险公司在灾前、灾时的风险管理技术,也容易诱发道德风险问题。保险公司、再保险公司在开展业务的过程中,积累了大量关于风险管理的数据和精算技术,可以提供一些防灾方案,同时在一定程度上预测灾害的发生时间和位置,一个完整的巨灾保险方案应该包括灾前预防、灾时预警,而不只是灾后的补偿。另外,以补偿为主的巨灾保险会降低地方政府和居民防灾的激励,同时居民会有激励在灾区建造(笔者认为在这种情形下,巨灾应不包含人的伤亡,而应像农作物的耕种),当巨灾保险的提供者在巨灾发生后倾向于直接、完全的补偿,就可能会引发事前的道德风险问题。三是政府和保险公司、再保险公司在巨灾保险中的角色定位不清晰,这也是巨灾保险制度建设最根本的问题。

在分析这个根本问题之前,我们需要引入政府和社会资本合作(Public-Private Partnership,PPP)的概念。PPP的核心逻辑是政府把原来应承受的基础设施和公共服务产品的生产,通过一个长期合同安排交给社会资本。中国原先的救灾依赖于政府的财政支出,但这样做的缺陷在于防灾和救灾的经济效率较低,而且加重了政府的财政负担,也可能引发道德风险问题。如果使用PPP的制度安排,政府把巨灾风险管理服务交给保险公司和再保险公司,就可能弥补这些缺陷。

从国际经验看,PPP巨灾保险有三种经典模式:政府当保险人、政府当基金运营者以及政府提供再保险。第一种模式以美国国家洪水保险项目(NFIP)为代表,该项目由美国联邦应急管理局管理,商业保险公司承保。政府与民营保险公司达成"以自己的名义承包计划"(WYO)的合作,由民营保险公司销售洪水保险单,保险标的为加入洪水保险计划的社区住宅和商业财产,收取的保险费全部用于建立洪水保险基金,洪水损失赔付和代理销售费用均出自洪水保险基金。联邦政府统一规定保险费率,所有的WYO公司提供完全一致的承保费率。洪水保险的风险实际上全部由联邦政府承担,保险公司的作用只是销售保单、理赔及垫付赔款,并不承担赔付责任。民营保险公司将收取的保费留出佣金部分,其余上缴联邦保险管理局。第二种模式以墨西哥自然灾害基金(FONDEN)为代表。墨西哥政府发行主权巨灾债券,采用市场融资机制,成立FONDEN巨灾基金。FONDEN巨灾基金根据联邦预算法按年度联邦支出预算的0.4%提取,逐年滚存。FONDEN巨灾基金由FONDEN灾后重建基金和FONDEN防灾基金两个预算账户组成。其中,重建基金是主预算账户,年终剩余资金的80%会投入到FONDEN信托基金,信托人为墨西哥国家工程及公共服务银行。信托基金用于向保险公司支付保费并获得损失赔付以及灾害发生时的资金周转,未使用的资金将返还FONDEN信托基金。年终剩余资金的20%和防灾资金将投入到FIPREDEN防灾信托基金,由联邦专项机构为州政府请款。两个基金都通过信托账户的各个分账户执行各项功能,如重建项目的损失评估、资金拨款、项目管理和防灾基金的风险评估、风险控制等资助工作。第三种模式以法国中央再保险公司为代表。法国中央再保险公司(CCR)是自然灾害保险计划的中流砥柱,是一家国有公司,在"自然灾害保险补偿制度"中,提供由政府担保的再保合约。尽管再保险是非强制的(保险公司也可以和其他私人再保险公司签订协议),但是CCR凭借优惠的合约条款及其国家担保下的无限制保障能力,具有很大的吸引力。

中国应该选择什么样的PPP巨灾保险模式呢?2016年诺贝尔经济学奖获得者奥利弗·哈特教授提出,PPP项目一般包括设施建造和服务提供两个阶段。如果建造设施的质量容易甄别,但提供服务的质量难以甄别,那么传统的分包模式更好,此时PPP模式反而会导致过度投资;相反,如果建造设施的质量不容易甄别,但提供服务的质量容易甄别,那么项目的互补性会导致PPP模式更好,此时传统模式会出现投资不足的问题。但是,PPP巨灾保险项目并不适用于哈特的理论,因为保险作为风险管理服务行业,无法区分建造和服务阶段,如果可以区分两个阶段,那么质量都不容易甄别。

PPP是一个长期合作的模式,未来的不确定性较高,而缔结契约的主体(政府和社会资本)都是有限理性的,双方的信息也未必对称,再加上保险合同本身的复杂性,政府和保险公司、再保险公司事实上达成的是不完全契约。不完全契约关注再协商的制度设计,但是再协商或修改契约,都是有成本的。2014年诺贝尔经济学奖获得者让·梯若尔教授将此归纳为预见成本、缔约成本、证实成本,而这些成本无疑是社会整体福利的损失。因此,无论最后采用何种PPP巨灾保险模式,都应该坚持保险公司和再保险公司的市场主体地位,真正把业务让渡给社会资本一侧,政府则发挥偿付能力监管和必要融资安排的双重功能,才能确保PPP巨灾保险行稳致远。

基于环强险管理办法出台的几点思考

钱嫣虹

2018-06-12

绿色保险（主要指环境污染责任保险，以下简称"环责险"）作为打赢污染防治攻坚战的重要举措，在我国虽然得到广泛关注，但其发展长期受冷，陷入叫好不叫座的尴尬境地。笔者认为，致使环责险发展停滞的原因主要如下：从需求方看，部分企业缺乏保险意识，存在侥幸心理而不愿花钱购买；此外，由于当前市面上的环责险产品单一、保障范围有限，使得有需求的企业很难在市场上购买到满意的产品。从供给方（保险公司）来看，一方面环责险承保专业要求较高,费率厘定困难;另一方面承保风险大又缺乏政府的政策支持。对此,不少专家学者呼吁借鉴美国、德国等发达市场的强制保险经验,在我国推行以强制险为主、辅以任意险的环责险制度。

2018年5月7日,《环境污染强制责任保险管理办法(草案)》(简称《办法(草案)》)在生态环境部部务会议上经审议通过。《办法(草案)》第五条规定,在我国境内从事如石油和天然气开采、化学原料制造等环境高风险生产经营活动的生产经营者,应当投保环境污染强制责任保险(以下简称"环强险")。这标志着我国环责险即将迎来环强险时代。此次环强险的立法具有双向强制性,强制的不仅是环境高风险企业,还有保险人。《办法(草案)》第十一条规定,保险公司无正当理由不得拒绝或者拖延承保。《办法(草案)》规范和健全了我国环责险制度,使得地方政府在推行环责险时有法可依,有利于提升政府支持力度,对于打赢污染防治攻坚战具有重要意义。基于《办法草案》,笔者提出以下几点思考:

第一,草案的内容对保险公司的经营能力提出了更高的要求。由于自然环境的污染常常是不可逆的,因此事前的防损工作至关重要。《办法(草案)》的第十七和十八条分别给出了对保险人承保前后风险评估与排查的要求。在承保之前,保险公司必须对被保险人所在场所进行实地勘察,获得相关的历史信息和数据,充分掌握被保险人企业的风险水平并出具风险评估报告;在承保期间,保险公司应与被保险人持续保持沟通和合作,随时了解保险标的的风险动态,督促被保险人对可能存在的安全隐患采取必要的防损措施。由于这一系列的工作具有极强的专业性,要求保险公司深度参与环境风险管理,与专业的第三方评估机构加强合作的同时加强自身的环境和保险复合型人才储备,不断提升经营能力,有效降低环境污染事故发生的概率,同时使被保险人即使没有出险也能享受到优质的服务,提高被保险人满意度,从而实现保险公司和企业"双赢"的局面。

第二,草案的出台对承保人的承保能力提出了更高的要求。由于环境污染风险的特殊性及其发生巨灾的可能性,当前我国产险市场容量能否满足强制性环责险政策出台带来的需求上升是值得思考的问题。比较各发达保险市场的实践不难发现,最初的环责险都是由各国的财险公司承保,随着业务规模的扩大,人们渐渐发现环境污染尤其是渐发性环境污染的损害赔偿责任往往很大。为此,欧洲有些国家的保险公司与再保险公司合作,共同建立风险池以提高承保能力。比较有代表性的是1989年法国组建的Assurpol高风险污染保险集团。它集合了50家原保险公司和15家再保险公司的承保能力,对环境污染风险进行集中管理,充分发挥了规模效应,提高了经营效益。美国则建立了专业性的环境污染责任保险公司,对承保成本过高、一般财产保险公司没有能力承保的渐发性环境污染赔偿责任予以承保。随着我国环责险市场的发展,对承保人的承保能力要求必定会不断提高,因此我国不应拘泥于传统财险公司承保环责险,可择机尝试类似于美法等国的特殊机构承保。

第三,有关索赔追溯期的规定是多方权衡的结果。由于环境污染损害常常存在一段时间的潜藏期而不会在事故发生的当下马上显现出来,为了保护被保险人的利益,环责险保单通常会规定一个追溯期,即在保险合同期满后的一段时间内,被保险人仍然可以就保险期间发生的保险事故造成的损害赔偿责任向保险公司索赔。如果规定的追溯期过短,保险人的利益就会受损。如果追溯期过长,那么保险公司面临的不确定性就会急剧增大;与此同时,对于事故是否由被保险人造成且发生在保险期限内的裁定难度也会大大增加。因此,各国应在考虑本国法律、技术等客观条件的基础上权衡保险人和被保险人的利益,以确定本国的索赔追溯期时长。《办法(草案)》第十九条规定,环强险的追溯期为三年。这一规定与发达市场的追溯期长度相比差距较大。例如,德国的法律规定,环责险的追溯期为十年;最为突出的当属美国的"日落条款",它规定被保险人向保险人通知索赔的最长期限为保单失效之日起三十年。随着我国环境科学技术的不断发展和完善,索赔追溯期逐渐延长将是未来的趋势。

第四,应建立除责任保险之外的其他环境污染补偿机制。环责险仅对发生在保险期限内、由被保险人造成的环境污染损害责任进行赔偿,而更多其他来源的污染损害并不属于环责险的保障范围,比如历史污染损害、责任方无法确定的污染损害以及授权排污累积造成的污染损害等。在通常情况下,政府部门需要为这些损害埋单。因此,如何建立一个补充性的环境污染补偿机制以应对责任保险覆盖范围之外的污染损害是相关部门急需考虑的问题。在这一方面,1980年美国《综合环境反应补偿与责任法》提出建立的超级基金是一个具有代表性的例子。超级基金最初的资金主要来自对石油、无机化学制品行业征收的专门税,辅以部分联邦财政资金,用于污染损害责任主体不明确或无力偿付时治理费用的垫付,之后再由超级基金对可能找到的责任主体进行代位追偿。基金成立三十余年来对美国有害土壤、废物和沉淀物的清理以及水资源的净化起到了积极作用，对加快不明责任主体造成的污染治理起到了关键作用。

随着环强险的落地，我国环责险市场将迎来高速发展期，这对保险公司提出了更高的要求。同时，政府应加快补充性环境污染补偿机制的探索，只有政府、保险公司和企业三方通力合作，才能更好地打赢这场污染防治攻坚战。

金融稳定、金稳委及其他

朱南军

2018-11-13

近些年来,金融稳定成为新闻媒体与学术研究最为关注的问题之一。然而,学界和业界对金融稳定的定义与判断标准并未达成共识。欧洲中央银行有关金融稳定的表述经常被引用:金融稳定是指金融机构、金融市场和市场基础设施运行良好,抵御各种冲击而不会降低储蓄向投资转化效率的一种状态。学界则以美国经济学家弗雷德里克·S.米什金的观点为代表:金融稳定源于建立在稳固的基础上、能有效提供储蓄向投资转化的机会而不会产生大动荡的金融体系。上述两种金融稳定的定义都是定性静态的表述，也都是局限于经济范畴的讨论，并不直接牵涉与社会稳定有关的内容。

任何一个国家都不可能在国际经济体系中孤立存在，即便一个国家股票市场平稳、国际贸易收支平衡、社会实现就业充分等，也避免不了受国际上其他国家经济恶化、失业率上升、利率波动、贸易争端等因素与突发事件的影响。一个市场经济尤其是深度参与国际分工、融入全球经济一体化的国家，金融从来就不会绝对稳定，相对的金融不稳定是现实常态，而绝对的金融稳定则只是理论存在。既然相对的金融不稳定是常态，那么我们如何理解金融监管的意义和目标？如何选择金融监管手段与工具呢？笔者认为不应一味寻找金融稳定的静态判定标准，而应确定金融不稳定的动态容忍范围。

金融不稳定的容忍范围要看利益相关主体的风险容忍度，并且要从金融范畴之外的社会和经济变量来界定与衡量，如就业率、社会消费水平、国际贸易平衡、制造业与服务业的经营稳定性、社会保障水平等。尤其重要的是，在中国还应加上对社会稳定的考虑，有些我们是可以容忍的。比如，经济发展可以慢一点、更稳健一些，由此我们有了"新常态理论"；人民币汇率允许一定程度的波动，由此我们考虑建立"汇率走廊"。这说明我们对金融稳定的标准开始有了动态的思考与表述。那么，哪些情况不能容忍但被视作影响中国的金融稳定呢？从当前情况看，主要有两类：一类是偏离我国经济发展既定目标，严重影响社会充分就业、国际贸易平衡、企业经营稳定等问题。例如，在我国经济去杠杆已经取得成效的情况下，又产生了某些金融机构经营不作为,消极停贷、抽贷,过度去杠杆导致企业资金周转的负面影响,这才有了当前的"无还本续贷"和"尽职免责"的一系列举措。另一类则是有关金融事件引发的社会群体事件。例如,2015年股灾、各种商品交易所倒闭兑付案、P2P平台爆仓案等,这些都引发了严重的社会群体事件,进而影响了社会的和谐稳定。从前述两种情况不难看出:金融稳定的最终目标还是"社会稳定"。因此,金融监管应该有更高的站位与视角、更综合的监管手段与更协调有力的监管方式,这样才能实现我国经济发展与社会稳定的宏大目标。

中国此前发生的诸多金融事件,恰恰暴露了自身缺乏更高的站位与视角、更具协调性的监管方式、更综合的监管手段。2015年股灾事件反映了原"一行三会"之间的工作协调性问题,促使我们重新审视过去分业经营、分业监管的模式;P2P平台系列爆仓事件促使我们反思中央金融监管部门与地方政府的工作协调;而某些重要性金融机构的违规经营与腐败,则反映出金融监管手段的单一,以及纪委与监察部门在金融企业监管中应当及时补位;最近对经济去杠杆的尺度拿捏、犹疑与反复,则反映出宏观经济决策部门与金融监管部门之间应当紧密协调、实时沟通。

2017年中国国务院金融发展稳定委员会(简称"金稳委")的成立,定位为国务院统筹协调金融稳定和改革发展重大问题的议事协调机构。从人员构成来看,不仅有来自经济管理部门(如中财办、国家发改委、财政部、"一行两会"等),还包括特设的七个协作单位(中纪委、中组部、中宣部、网信办、公安部、司法部和最高法)的有关负责人,因此金稳委的统一协调性更强,金融监管手段更有力,维护社会稳定的目标更明确。实际上,从我国过去的实践来看,金融监管也是将社会稳定作为主要目标的。例如中国人民银行在行使最后贷款人职能时,其决策依据往往不仅考虑问题金融机构是否会引发系统性金融风险,还考虑该机构倒闭是否会导致社会群体事件与社会不稳定,从而在一定程度上代替财政部门履行了维护社会稳定的公共职能。只不过金稳委只是更加明确这一目标,强化了相应的实现手段而已。

但是,同时我们也应看到,金融发展稳定委员虽然会大大提升了中央职能机关之间的工作协调性,中央职能机关与地方政府之间的工作协调性仍有待提升。从中国的现实情况看,地方政府肩负着社会和谐稳定的一线责任,当金融不稳定而发生社会群体事件时,地方政府承担着主要的监管责任。最近几年发生的几起金融投资者北上维权事件,如各种交易所兑付案与当前爆发的 P2P 平台爆仓案,都存在中央金融监管部门与地方政府之间的监管权限划分不清晰甚至责任推诿情况。另外,当某些投资者发生社会群体事件时,中央金融监管部门往往秉承原则性的理念,要求买者风险自担自负、打破刚性兑付,而地方政府出于维稳压力,则强烈要求涉事金融机构按照"谁家孩子谁抱走"原则进行处理,从而影响中央职能监管部门与地方政府彼此间的信任与工作协调性。因此,今后如何落实"地方政府要在坚持金融管理主要是中央事权的前提下,按照中央统一规则,强化属地风险处置责任"[①]可能是金融风险管理下一步工作的重点内容。

---

① 习近平在 2017 年 7 月 14—15 日在全国金融工作会议上的讲话,http://www.xinhuanet.com//fortune/2017-7/15/c_1121324747.htm。

养老金制度改革中的运行效率问题

吕有吉

2018-11-23

经济发展中,效率优先还是公平优先是人类社会长久以来面临的选择,养老金制度改革同样面临这样的选择。尽管民众对养老金制度的公平性有着强烈的诉求,但是政府在进行养老金制度改革时不能只考虑养老金制度的公平问题,而应当在最大限度地保障养老金制度的公平性的基础上,着力提高养老金制度的运行效率。养老金制度的运行效率涉及两个方面的问题:一是养老金制度自身运行的可持续性问题,二是养老金制度对社会经济生活产生的外溢影响问题。随着养老金制度改革的不断深入,人们对第二个方面下养老金制度运行效率问题的关注日渐提高。

那么从养老金制度对社会经济生活产生外溢影响的视角出发,如何评判养老金制度的效率呢?笔者在中国银保监会主席郭树清近日发表于国际养老金监督官组织(IPOS)年会上的主旨演讲的基础上,总结出两条标准。

一是养老金制度运行的宏观效率标准。人口老龄化对社会经济发展的影响需要一分为二地看待。一方面,人口老龄化会使劳动力供给下降,挤占社会资本,从而阻碍社会经济的长期增长;另一方面,由人口老龄化衍生出的对养老护理、家庭服务等方面的需求成为我国新一轮经济增长的潜在强劲动力,而商业养老保险的蓬勃发展又可以为我国经济增长提供源源不断的长期资本,从而促进社会经济的长期增长。正如郭树清所说,"每个硬币都有两面,关键是如何应对挑战,因势利导,将人口压力转变为经济转型的契机",养老金制度就是将这种压力转变为契机的枢纽所在。因此,从宏观效率的视角来看,合理的养老金制度应当在不扭曲劳动力市场和社会激励机制的基础上,培植相关产业发展,促进国家资本的形成与积累,提升社会资源的配置效率,从而达到保障社会经济稳定持续增长的目标。

二是养老金制度运行的微观效率标准。"老有所依、老有所养、老有所终"是养老金制度改革的出发点和落脚点,然而身处养老金制度中的个人或企业能否真正实现福利的改善受到多方面因素的影响。对于个人而言,养老保险保障水平的提高可能会挤出私人储蓄及其他可以用于养老的资源,并且影响个人的劳动力供给决策,产生提前退休等问题,从而削减养老保障水平提高带来的福利增长。对于企业而言,如果养老保障水平的提高伴随着企业缴费负担的增大,就会导致企业用工成本增加和实际资本匮乏,从而影响企业成长。从微观效率的视角来看,合理的养老金制度应当在合理提高养老保障水平的基础上,减轻其对私人储蓄、劳动供给的挤出效应,削弱其造成的企业负担,从而实现个人与企业福利的真正改善。

针对上面提出的两条标准,笔者认为,可以从四个方面的政策着手,提升我国养老金制度的运行效率。

一是扶持养老产业发展。我国养老产业中存在供需严重不匹配的问题。从国际比较来看,我国老年人口数量最多,老龄化速度最快,养老需求与日俱增,而绝大部分城乡社区养老服务设施不足,医疗、文化、体育等服务设施综合利用率较低,养老服务的覆盖区域和服务人群有限,养老服务的内容也相对单一,社会化专业水平不高。政府可以整合医疗、老年看护等多方面的资源,采取推进养老产业制度、标准、设施、人才建设等方式扶持养老产业发展,以解决养老产业中存在的供需严重不匹配的问题。

二是发挥市场效率优势。目前我国政府、企业和居民个人共同承担的养老金体系中,政府扮演了最重要的角色,承受了绝大多数的养老压力,而企业和居民个人只扮演了配角的角色,无法真正起到对公共养老金的补充作用。扩大第二、第三支柱替代率迫在眉睫,而这依赖于市场机制。政府可以采取推进税制改革、发展个人所得税递延型养老金等方式刺激市场活力,从而真正发挥市场效率的优势。

三是提升个人养老认知。养老金制度能否起到提升个人福利的作用依赖于多方面的因素,其中最重要的因素之一是个人对养老问题的认知水平。如果一个人无法清晰地认知自己所面临的长寿风险，或者无法掌握合理的财富管理手段，他就无法基于现有的养老金制度满足自己的养老需求，从而造成个人福利的损失。政府可以采取开展社区教育、公益广告投放等方式，提升个人的养老认知，从而让养老金制度真正起到提升个人福利的作用。

四是降低企业缴费负担。过高的缴费负担会降低企业市场竞争力，从而限制企业的发展，进而影响社会经济的增长。养老金制度的改革要充分考虑激励相容原则，尽量减轻企业的缴费负担。例如，对建立企业年金的企业实行税收优惠以促进第二支柱发展的同时，减轻由第一支柱带给企业的负担。

保险创新三层次：产品、技术和监管

陈 凯

2018-12-19

最近一段时间以来，保险圈里经常讨论由信美人寿联合蚂蚁金服推出并通过支付宝上线的"相互保"产品。该产品在2018年10月中旬被推出时，立刻在诸多微信群和朋友圈引起激烈的争论，保险和精算从业人士同样是各持己见。概括而言，正方观点大多认为"相互保"产品符合最基本的保险特点，可以帮助投保人转移风险，从而更好地丰富我国保险市场的形态。反方观点则认为保险公司不承担风险，只收取费用，本质上更像一款互助产品而不是保险产品。然而,在用户热捧、行业仍对"相互保"产品争论不休时,甚至对于它是不是保险产品还未有讨论结果的情况下,"相互保"主动改名为"相互宝",转成了网络互助计划。

在两个月里,各种有关"相互保"产品的争论已经将其分析得非常详细了,笔者不再赘述,但想借这个问题谈谈我国保险产品创新的问题。在"相互保"刚刚被推出时,很多人认为该产品改变了过去传统保险产品先付费后理赔的固定模式,通过信用背书,让投保人可以在后期再支付保费。同时,由于保险公司不必事先核保,只是收取赔付金额一定比例的管理费用,降低了成本,使得投保人得以更低的保费获得保障,称得上一种保险创新。但一些精算师详细解释"相互保"的内在机制,指出其实质为一种追溯型保险产品,与美国员工补偿保险制度很类似,并非新鲜的概念。笔者认为,无论"相互保"产品在形式上是不是一种绝对意义的创新,其在丰富我国保险业务形式上的确是一种进步,而且从千万用户热捧这一点来看,民众对保险产品的需求和接纳程度也是日益提高。"相互保"或"相互宝"的入局,给整个保险行业带来了革新和良性竞争。我国保险市场自1979年恢复业务后至今已近四十年了,这期间取得了相当不俗的成绩,总保费规模和保单规模已经达到全球第二位的水平,可谓世界保险大国。然而,在人均保单和人均保费这个层面上,我国保险市场离世界发达水平还相去甚远,造成这种现象的原因就包括群众的保险意识不足和产品形式单一。因此,笔者认为保险创新将是未来引领我国保险市场发展的关键一环,而这其中可以分为三个层次。

第一层次,产品形式创新。设计创新型的保险产品以丰富我国保险市场，从而多方面保障居民面临的风险，这是最简单也是最容易实现的第一层次。其实近年来，除了"相互保"这款产品，我国保险市场一直在尝试各种形式的创新和改革。例如，这两年开始流行的"百万医疗"保险；2016年开始试点经营个人税收优惠型健康保险，并于2017年7月在全国铺开；2018年年初，部分地区开始试点个人税收递延型养老保险。这些产品虽然并不能说是全新的，但它们的出现及普及的确完善了我国居民保障体系，能更好地转移居民面临的各类风险。中国保险学会还多次组织大学生开展保险产品创新创意大赛，让更多的保险专业学生加入产品设计中。虽然其中的很多创意可能最终无法落地，但可以让更多人开始关注保险产品，提高保险意识，以社会的视角看待保险，也可以让更多人以保险的视角关注社会。

第二层次，保险技术创新。技术创新实际上比产品形式创新更重要。过去的十多年里，保险市场上出现过很多新型产品，一些甚至是在国外已经非常普及的，但在中国因为技术跟不上，出现水土不服、销量惨淡。例如，在我国昙花一现的变额年金产品，2011年曾经在五省市试点。然而，这种在北美和日本非常受欢迎的产品好像并不适应中国市场，其中的一个因素就是产品形态相对复杂、技术性要求较强。尽管产品设计理念是获得投资收益以实现养老金增值目的，但技术不过关使得一些试点产品的投资策略过于保守，对投保人的吸引力不够。还有一个典型的例子是住房反向抵押贷款寿险。该产品设计之初的目的是提高老年人收入水平以改善其生活质量，但核心的长寿风险和房屋价格风险的建模成为困扰产品开发的主要问题。最近几年，随着大数据、人工智能、深度挖掘、区块链、机器学习等技术的不断进步,保险技术如何跟上科技发展节奏这一问题已经引起保险公司的重视。笔者认为,保险技术只有创新和提高才能更好地推广创新型产品。

第三层次,监管制度创新。在保险产品或技术创新的基础上,保险监管也需要配套的制度和措施。以"相互保"为例,在产品推出上线当天,就有很多精算师针对保费计算、准备金计提、偿付能力计算等多方面问题提出质疑。由于"相互保"产品是保费后置,而且是以费用的形式收取,那么对于保险公司而言,负债如何确定?准备金又如何计提?在"偿二代"的框架下,如何计量保险公司的偿付能力风险?这些未能解决的问题说明,在保险产品创新的同时,监管制度并没有跟上。产品是新颖的产品,技术也是先进的技术,监管却无从应对,最终只能从"相互保"改为"相互宝",创新到头却成一场空,这对保险行业的长期发展是十分不利的。

因此,笔者认为保险创新固然是我国保险业未来发展的关键,但也不能盲目地追求产品形式的革新而忽略背后保险技术的升级和保险监管的完善。只有产品、技术和监管三个层次齐头并进,才能让我国保险业迎来更大的发展机遇,使我国真正地成为保险大国、保险强国。

离不开的网络，理得清的风险

吕有吉

2018-12-27

近年来，网络安全事故频发，大到刚刚披露的万豪国际酒店5亿用户信息泄露事件，小到几乎人人都经历过的网络诈骗，互联网在给人们带来巨大的利益和机遇的同时，也给人们带来巨大的风险。不可否认的是，在可预期的未来，人类社会对互联网的依赖程度将会与日俱增，而依赖背后蕴含的风险也将随之膨胀，如何管理由互联网带来的网络风险已经成为摆在所有人面前的一道难题。

《孙子兵法》有言："知己知彼，百战不殆。"

想要管理网络风险的前提是对网络风险有一个清晰的认知,那么,我们该如何定义网络风险呢?参考风险管理协会(IRM)对网络风险的定义:网络风险是指一个组织或个人因信息技术系统的某种故障而遭受财务损失、营业中断或声誉受损的风险。从网络风险可能发生的原因看,网络风险常常以下列三种形式出现:

第一,不法分子出于间谍活动、敲诈勒索等目的,未经受害组织或个人授权,蓄意入侵受害组织或个人的信息系统,实施盗窃、销毁信息等破坏行为。

第二,不法分子无意中对受害组织或个人的信息系统造成不可挽回的损坏。

第三,由于组织或个人的信息技术系统自身的漏洞,比如没有安装备用电源等,导致其信息技术系统在运行过程中发生不可挽回的损坏。

对网络风险的进一步分析则有赖于对其性质的剖析,笔者梳理相关材料,总结出网络风险的三个特征:

第一,网络风险发生的可能性随互联网的发展呈增长趋势。首先,互联网的普及使得每个人都暴露在网络风险之下。自20世纪70年代出现以来,互联网一步步走入了普通百姓的家中,根据《中国互联网发展报告2018》,2017年我国互联网用户数量已经达到7.72亿。随着互联网的普及,网络风险也随之"普及"到了普通百姓中,从而提高了网络风险发生的可能性。其次,互联网技术的不断演进提高了人们掌握网络安全技术的难度。随着互联网技术的不断演进,人们在享受互联网带来的便利的同时,也面临更高的网络安全技术学习门槛,尤其是对于学习能力较差的人群,比如老年人群体。这种学习门槛的存在,使得人们更难以规避网络风险,从而提升了网络风险事故发生的可能性。最后,互联网产业规模的不断扩大也给不法分子提供了充足的犯罪动机。来自《中国互联网发展报告 2018》的数据显示,2017 年我国第三方互联网支付达到 143 万亿元。时至今日,越来越多的人选择以电子货币的形式持有财富,而这也为不法分子实施网络犯罪提供了更为充足的空间,从而提升了网络风险发生的可能性。

第二,网络风险事故的损失程度随互联网技术的发展迅速增长。一方面,越来越多的公司选择以电子信息的形式将商业机密、用户信息等重要数据储存在互联网。随着数据的不断累积,一旦网络风险事故发生,公司就会面临巨额的经济损失和信誉损失。比如刚刚发生的万豪国际酒店 5 亿用户信息泄露事件,事件披露的当天,万豪国际酒店的市值就蒸发了 6%。另一方面,对于个人而言,出于交易或增值的目的,越来越多的人选择以电子货币的形式持有手中的财富,随着累积在互联网上的财富越来越多,网络风险事故所造成的损失程度自然迅速增大。

第三,网络风险事故的损失相关性随互联网技术的发展与日俱增。互联网技术的发展类似于一棵大树的生长,由底层技术出发,不断延伸出新的技术,层层迭代,不断演进。但也正缘于这种发展模式,一旦互联网技术中的某一个重要节点出现问题,基于该节点演进的技术就会受其危害。比如自 2017 年起,Saturn9t 等一系列勒索病毒利用 Windows 系统中存在的漏洞,对 Windows 系统用户展开攻击,造成全球范围内的巨额损失。尽管这些事故的发生时间、地点、对象有所不同,但都是利用了相同的漏洞,因而具有极强的损失相关性。此外,从来没有一项技术能像互联网这样将所有人紧密地连接在一起,并且随着互联网的不断发展,这种连接必定将变得更加紧密。一旦互联网中的某处发生了网络风险事故,就会迅速蔓延到与该处相连的其他组织或个人。因此,相互关联的组织或个人所经历的网络风险事故往往具有很强的相关性。

在分析网络风险的定义及性质的基础上,笔者认为政府应该从以下三个方面出发应对网络风险:

首先,政府应当坚持立法与强化执法并重的理念,着力打击网络犯罪。剑桥大学发布的 *Cyber Risk Outlook 2018*(《网络风险纵览 2018》)指出,网络风险主要是以上文提到的第一种形式出现,而针对此类网络风险,最有效的管理手段就是提高犯罪分子犯罪成本。

其次,政府应当探索网络安全宣传教育的新方法、新途径,全面提升公众的网络安全意识和网络安全常识。与互联网急速的发展相比,人们的网络安全意识还不够强,网络安全常识还比较薄弱,比如在密码的设置上,大多数人还在使用极易被破解的生日作为密码。因此,政府应当推广网络安全宣传教育,提升公众的网络安全意识和网络安全常识。

最后,政府应当在引导企业开发新技术的同时,采取激励措施鼓励企业积极承担网络风险治理责任,尤其是在重大网络风险事故发生时,更需要那些拥有强大技术实力的企业主动出击。事实上,勒索病毒的蔓延之所以迅速被遏制,就与许多互联网企业的主动出击密不可分。

CCISSR 企业经营与市场环境

保险科技：全方位重塑保险业

吴海青
2018-02-27

2017年9月，众安在线在香港联交所正式上市，开盘大涨15%，同时刷新了内地保险机构从成立到IPO的最短时间纪录。作为保险科技第一股，众安在线的上市进一步引发了市场对保险科技概念的关注。保险科技（Insurtech）是金融科技（Fintech）的一个分支，广义上，保险科技泛指围绕保险业涉及的一切新技术和现代科技。2017年5月，中国保险学会与复旦大学中国保险科技实验室联合发布《中国保险科技发展白皮书（2017）》，提出保险科技包含的十项核心技术:区块链、人工智能、物联网、云计算、大数据、车联网、无人驾驶汽车、无人机、基因检测、可穿戴设备。这些技术被应用于产品创新、保险营销和保险公司内部管理等各个领域,正在全方位重塑保险业。

当前大环境下,不管是主动还是被动,保险科技都已渗透到保险的各个环节。在产品开发阶段,大数据、物联网正在推动产品个性化定制、风险精准定价和新产品市场发掘;在营销阶段,智能保险顾问极大地降低了人力成本,提升了客户体验;在理赔环节,人工智能结合大数据,实现快速精准定损,同时基于欺诈行为共性进行鉴别和反欺诈。近期受到广泛关注的区块链技术也在智能保险合约、数据共享等领域大有可为。从保险从业人员到各家保险公司,再到整个保险生态,保险业正在不可避免地受到保险科技的冲击。

当保险科技浪潮来临时,首当其冲的就是人数众多的保险从业人员。2017年1月,日本富国生命保险公司正式启用人工智能系统 Watson Explorer,负责保险索赔分析工作,公司的34名相关员工在3个月后正式"下岗"。在国内,人工智能也逐渐应用到保险销售、理赔等各个环节,从简单的在线销售智能问答到智能保险机器人 TKer 等陆续推出,这些技术应用的最直接影响是人工需求大幅降低,很大一部分保险代理人员和客服人员将面临失业。与此同时,保险业对复合型人才的需求大幅提升,越来越多既懂技术又懂保险的人才被填充到保险从业人员的队伍中。不过,当前这种复合型人才仍然十分缺乏,对现有保险从业人员及后备人才来说,这一趋势既是挑战,更是机遇。

从公司层面看,保险科技的影响主要体现在对产品开发、销售和理赔等全产业链的重塑。物联网、大数据、云计算、基因检测等技术让新产品挖掘和保险产品的个性化定制成为可能,特别是在车险、健康险等领域。比如,保险科技代表企业——悟空保,推出了一系列针对摩托车、物流、电动车、O2O等新型保险标的的保险产品;多家保险科技企业陆续推出了UBI(Usage Based Insurance)产品,根据用户历史数据确定保费,实现差别定价。在核保、理赔等环节,大数据、人工智能及区块链引导的智能合约的应用也逐渐深入。无论是传统保险公司还是新兴的保险科技企业,其经营理念均发生了根本性变化,从以往的注重销售、代理到现在的注重产品、服务,从与投保人的"斗智斗勇"到"投其所好""和谐共生"。在转变的过程中,一批不能及时跟上步伐的企业必定会被淘汰,而另一批适应新技术、新需求的保险科技企业将迅速崛起,并在保险领域占领一席之地。

  从整个保险生态看,保险科技的影响主要体现在两个方面。首先,保险科技对信息、数据的巨大需求,会促使保险业与其他行业展开更为深入的合作。这种合作一方面体现在数据共享上,另一方面体现在保险产品的场景定制合作上。其中,区块链技术以信息安全、不可更改的独特优势,将在跨行业数据共享方面发挥独特作用;而保险场景定制早已不知不觉地渗透我们的生活,比如运费险、商家履约险、账户安全险等,对于消费者来说早已不陌生。在这种趋势下,保险业将更加开放、更加综合,成为整个金融科技生态不可或缺的一部分,改变目前保险业与其他领域合作程度过低的状态。其次,保险科技会引导保险业回归本源。2017—2018年的强监管告诉我们,保险业最终的归宿是"保险姓保",满足多样化的保障需求才是正确的发展方向。

而保险科技的核心正是利用海量数据,实现个性化定制和精准保障,从而促使保险回归"保障"的本源。当前我国保险保费之所以居高不下,很大一部分原因是层层的保险代理。正如前文所说,保险科技的发展会极大地降低保险公司的人力成本,同时提高产品研发、销售、核保、理赔等环节的准确度,从而在提升保险公司利润的同时,为消费者提供更好、更全面的保障和服务,实现双赢。

随着保险监管日趋规范和严格,我国保险业面临转型挑战。保险科技浪潮的兴起,恰恰为转型时期的中国保险业提供了契机。从微观层面的保险从业人员到中观层面的保险公司,再到整个宏观保险生态,都不可避免地被卷入这一浪潮。随着保险科技的逐渐渗透,保险科技已不再被视为颠覆行业的因素,而是越来越被大众和业内人士接受,被视为驱动转型的中坚力量。普华永道《保险科技调查报告(2017)》显示,面对保险科技,52%的受访者"将应对颠覆作为核心战略",有45%的传统保险公司与创新公司建立合作。总而言之,保险科技是保险业不可避免的未来趋势,它将从微观、中观、宏观三个层面全方位重塑保险业,面对新浪潮,传统保险业应积极主动拥抱挑战、抓住机遇、及时布局,与保险科技互惠共生、携手共进,努力实现中国保险业的弯道超车。

区块链保险展望

姚奕

2018-05-09

区块链概念及相关技术在近年来获得市场广泛关注,被视为类似于互联网技术的下一代技术的突破点与潜在增长点。2015—2017年,全球在区块链领域的投资超过14亿美元。2017年,我国新成立的46家风险投资机构中的近20%专注于区块链技术,使之成为资本追逐的风口。

根据我国工信部发布的《2016中国区块链技术和应用发展白皮书》的定义,区块链技术是利用块链式数据结构验证与存储数据、利用分布式节点共识算法生成和更新数据、利用密码学方法保证数据传输和访问的安全、利用由自动化脚本代码组成的智能合约编程和操作数据的一种全新的分布式基础架构与计算范式。简言之，它是一种数据几乎不可能被篡改的、可追溯的分布式数据库，可以在无需中介的条件下实现网络主体间的信任，并解决金融支付核心的多重支付问题。

区块链的特征包括四点。首先，它是一个开放的平台。任何人都可以参与到区块链网络，每一台设备都能作为一个节点，每个节点都允许获得一份完整的数据库拷贝。节点间基于一套共识机制，通过竞争性计算来共同维护整个区块链。任一节点失效，其余节点仍能正常工作。其次，区块链的交易透明，且各方匿名参与。区块链的运行规则和数据信息是公开的，每一笔交易都对所有节点可见。由于节点与节点之间是去信任的，因此每个参与节点都是匿名的。再次，交易去中介化。区块链是由众多节点共同组成的一个端到端网络，不存在中心化的设备和管理机构。节点之间的数据交换通过数字签名技术进行验证，无需互相信任，只要按照系统既定的规则进行，节点之间不能也无法欺骗其他节点，无需中介即可实现互相信任。最后，数据可追溯，几乎不可能篡改。单个甚至多个节点对数据库的修改无法影响其他节点的数据库，除非能控制整个网络中超过 51% 的节点同时修改，但这几乎是不可能发生的。区块链中的每一笔交易都通过密码学方法与相邻两个区块串联，因此可以追溯到任何一笔交易。

区块链发展的历史可以追溯到 2008 年 11 月，中本聪发表了《比特币：一种点对点的先进支付系统》，其中阐述了区块链技术的一种应用。2009年1月,比特币系统开始运行。2013年,以太坊开启了比特币的新阶段,通过分布式记账和图灵完备,促进了一场生产关系的变革。目前,比特币市场规模达到4000亿美元,已有290万—580万个独立账户地址。2016年12月,国务院印发了《"十三五"国家信息化规划》,首次将区块链技术列入规划,提出到2020年"数字中国"建设取得显著成效,信息化能力跻身国际前列。

需要注意的是,比特币以及其他一些代币、功能型通证(Token)、证券类通证只是区块链技术的一种应用。区块链技术的应用场景远不止于此。在政务系统,区块链技术可以用于政府数据的开放与共享、精准扶贫的资金追踪公开、互联网金融监管等。在民用领域,区块链技术可以应用于智慧出行、医疗健康管理和个人数据服务等。在商用领域,区块链技术可以促进供应链管理、追踪货运物流、开发智能电网、推动共享经济,或者为小微企业提供信用认证。

在保险领域,信息不对称是核心问题之一。传统的保险合同要求秉承"最大诚信原则",即以最高的诚信标准要求保险公司和被保险人。在实际操作中,合同的许多具体条款设计,如免责条款、共保比例、免赔额、团体投保等都是为了规避道德风险、逆向选择等问题。保险中介也成为促成交易发生、增强信息交流和双方信任的重要载体。如果区块链技术能够与保险产品(场景)深度结合,那么通过去中介化、自动搭建信任的数据库系统,就能够有效降低信息不对称问题,提高交易效率,降低交易成本。在开源社区的协作模式下,辅以智能合约为媒介的激励机制,有望产生一种新的生产方式与组织形态,带动一场深刻的行业革命。

具体而言,区块链与保险可能的结合方式包括以下三种:第一,在数据管理方面,区块链技术可以辅助保险公司将经审查验证的客户信息写入区块链,统一管理和查询,促进行业内部的信息交流,有助于缩短投保时间、查验重复投保和高额投保、预防和甄别保险欺诈等。在涉及共保、再保的情形下,区块链技术可以有效地实现信息共享和成本分摊。第二,在智能合约方面,一些特定险种(如航班延误险),通过区块链技术可以快速连接和验证信息,实现自动赔付,免去理赔环节的烦琐与时间成本,提高消费者的用户体验。第三,在资金追溯方面,区块链技术可以有效地追溯每一笔资金的去向和交易细节,在扶贫保险的资金记录、反保险欺诈、反洗钱等领域都可以发挥重要作用,提高政府、企业和产品的公信力与透明度。

但需要注意的是,区块链技术目前仍处于发展阶段,距离真正应用落地仍需至少3—5年时间才能与产业场景结合。现阶段,无论是跨领域的监管真空、技术人才的缺乏还是公众教育、公众保护措施的缺失,都是制约行业健康发展的重要因素。在资本急速涌入的阶段,我们应当关注并及时研究和制定相关政策,以确保新技术、新市场的有序发展。

区块链+保险：一种共赢的管理理念

范庆祝

2018-06-20

说到区块链，大家首先想到的是比特币，而比特币仅仅是区块链技术的应用之一；还有人可能会想到ICO（首次币发行），但ICO仅仅是区块链的行业术语之一。实际上，区块链是分布式数据存储、点对点传输、共识机制、加密算法等计算机技术的新型应用模式，它是一种全新的分布式基础架构与计算范式。这些晦涩难懂的专业术语背后蕴含的区块链的本质是什么？大家通常认为是去中心化的分布式账本。这种表述仍然没有指出区块链的本质。在笔者看来,区块链的本质是一种共赢的管理理念。

区块链的出现是一种技术的创新,更是理念的变革。区块链出现之前,清算中心、第三方信用中介甚至某些法律的存在都被当作理所当然。如果甲方给乙方转一笔资金,必须通过银行、微信或者支付宝等第三方信用中介来实现;甲乙双方的商业交易是以签署的、受法律保护的商业合同予以保障;保险之间的交易仍然存在各种各样的中介;等等。这些司空见惯、习以为常的理念看起来顺理成章,但随着区块链的出现,它们都可以被颠覆。商业的运转可以不需要某些第三方,也不需要围绕某个中心。即使没有法律的保护,不同个人之间、个人和集体之间仍会建立起稳固的信任。消费者和企业的福利不但不会受损,反而会增加。

区块链的世界有个51%攻击原理。以比特币为例,不考虑黑客攻击,如果单个矿池的哈希算力超过51%,就可以修改自己的交易记录,阻止区块确认部分或者全部交易。但比特币这么多年来从没出现这种情况。因为哈希算力一旦超过51%,矿工们担心币价下跌就会纷纷退出,所以每个矿池都会主动限制自己的算力。事实上,单个矿池的算力接近51%几乎是不可能的。因此,当个体考虑集体利益的时候,个体自身也会受益。这就体现了区块链共赢理念的本质。这种共赢的管理理念是通过多方参与的加密分布式记账来实现的。每个人对每笔交易都记账,而且这种记账是分布式的,不仅物理位置是分布的,规则也是分布的。由于加密技术的存在,这种记账不会被他人篡改。基于这些技术,不同个人之间、个人和集体之间可以建立起绝对的信用,而信用是共赢的前提和保证。基于这些技术,所有的商业模式也不再需要一个中心。可以想象,没有中介提取佣金,没有逆向选择和道德风险,不需要大量的后勤时间和文书工作等,保险产品会变得多么便宜和普及。这时,消费者和保险公司都将从中获益匪浅。

保险本质上是一种互助制度,起源于海上运输,当航行在地中海的商人遭遇海难时,为了避免船只沉没,往往抛弃船上的一部分货物,损失由各方分摊,从而形成"一人为大家,大家为一人"的损失分担原则,其核心也是合作共赢的管理理念。由此可见,保险与区块链之间有着一种天然的联系,保险能够成为区块链应用的典型场景。同时,区块链也将重塑保险业。

目前,保险业的发展面临很多难点和痛点。道德风险和逆向选择被认为是保险业无法克服的顽疾,它们的存在不仅能影响产品价格和合同设计,还会降低市场效率,将严重阻碍市场的健康发展。保险欺诈、销售佣金和高昂的渠道成本也一直侵蚀着保险业的利润。全球每年因医疗保险欺诈而造成的损失高达2 600亿美元。中国也面临较为严峻的医疗保险欺诈问题,估计每年欺诈损失额相当于年保费收入的10%—30%。闪链CEO曾经举过一个例子,消费者坐飞机时从出行网站上购买20元的航空意外险,这20元中有18元是支付给订票平台的,保险公司实际只拿2元。正是由于保险业的这些痛点和难点,使得保险产品比较昂贵,很多消费者买不起,这也是我国保险深度和保险密度远低于发达国家的原因之一。

区块链出现之前,这些难点和痛点一直困扰着保险业,有些甚至是无法克服的。但区块链的出现为我们解决保险业的难点和痛点带来了一线曙光。区块链具有唯一性、时间戳、可回溯、不可篡改等特征，在理想状态下，保险公司的核保和核赔变得既简单又迅速，消费者购买保险前的逆向选择行为和购买保险后的道德风险行为均可避免，佣金和渠道费用大大减少甚至消失。由于智能合约的存在，保险公司也无法再逃避自己的赔付责任，如此等等。如果这一切得以实现，区块链将为保险业打造一种共赢的新业态。目前区块链理念在保险业的应用还处于探索阶段，但也显示出对保险业的重大影响。比如，法国保险巨头安盛保险开发了一款叫作 Fizzy 的新区块链保险产品。智能合约与全球空中交通数据库链接，不断监视航班数据。如果航班延误2小时及以上，赔偿机制将会自动执行。智能合约将会向乘客直接赔付，并将赔偿金转入到投保人的信用卡账户中，独立于安盛保险的决定。

当然，实现新业态的道路肯定是曲折的。首先，我们应该从解决保险业的难点和痛点出发，基于共赢的管理理念，利用区块链技术消除这些难点和痛点。即使当下高能耗、存储空间受限等技术难题还不能解决，但随着时间的推移，技术难题总会解决，但理念不能错，否则我们将走向错误的方向。其次，区块链的特点决定了无法篡改链上的信息，但如果这些信息本来就是错误的，区块链的应用就会受到极大限制。因此，区块链必须与物联网、人工智能、生物识别等技术相结合，才能创立新业态。最后，区块链与保险业的结合可能会引发新的问题和风险，为未来保险监管提出新的挑战。在之前的分业监管时代，中国保监会以政府监管为主，偏重制度监管和公司合规监管。在混业监管时代，尤其是当区块链技术融入到保险业中后，中国银保监会的监管应该偏重技术监管、行业自律和社会监督监管。

区块链被认为是继蒸汽机技术革命、电力技术革命、计算机及信息技术革命之后的又一次技术革命。而保险业发展到今天仍然存在很多难点和痛点问题。由于区块链和保险之间存在天然的联系，从保险业的难点和痛点出发，秉承共赢的管理理念，区块链将为保险业创造一个新业态。

新形势下的销售误导治理

锁凌燕

2018-06-27

近日,中国银保监会先后下发《关于互联网渠道短期健康保险续保问题的消费提示》和《关于加强自媒体保险营销宣传行为管理的通知》,悉皆剑指保险监管面临的突出问题——销售误导。销售误导一直是行业顽疾和"槽点",而从这次相继发布的两个文件可以看出,在新形势下,要扎实推进销售误导治理、保护好消费者权益,应格外关注两种新态势。

第一,近年来,我们积极引导保险回归初心、实现"保险姓保",但保险业开发、销售"保障型"产品的能力还不够强,在业绩压力下,容易出现信息传递失实等问题。保险业既往经营模式的成功,使得企业基于金融属性拓展业务所依赖的战略设计、运作程序及价值理念等随着时间的推移而相对固化,进而陷入行为惯性之中。为了打破惯性,近期以来监管部门的很多工作都是希望通过产品规则来规范监管,严厉制止那些因盲目追逐金融属性而异化了的"保险创新",限制重"金融"、轻"保障"的产品,对过去的发展模式踩"刹车"。这些严格的监管措施虽然意在引导市场回归本心,但在一定程度上会给行业业绩增长带来负面影响,特别是在短期内很可能会对行业形成下行压力。此时,我们需要特别警惕,行业在承压转向的同时,是否真正推出符合保障需求的产品和服务,新推出业务的风险水平如何,以谨防保障类产品异化或形成新的风险点。由《关于互联网渠道短期健康保险续保问题的消费提示》引发的对所谓"百万医疗"保险产品的广泛关注,就集中体现了人们对此类产品运营风险的关注。另外,因为保障型产品往往更复杂、专业性更强,所以在转型过程中更要格外关注销售误导"抬头"。有报道指出,2018年监管部门公开发布的监管函中,有九成涉及保险产品条款表述不严谨、条款要素不完备、产品属性分类不当、险种归属不当等。

第二,进入"互联网+自媒体"时代,媒体渠道参与门槛降低,发布主体多元化,信息交互性增强,给销售误导的治理带来了更为严峻的挑战。在"互联网+自媒体"时代,人们开始把信息交流和传播的方式嵌入社交环节中,人人都可以成为信息的发布者和评论者,人人都可以利用自媒体传播表达个人意愿,这无疑给保险营销带来了新的活力与生机,但同时也放大了不实信息传播的空间和速度。在互联网环境中,很难做到让大家"安静"下来听取主流媒体话语,消费者处于一个"众声喧哗"的场景中,这本来更有利于人们了解事物的不同侧面,但也存在非常明显的副作用:人们紧接着会依据各自的判断和价值观把信息分割成碎片并再次对外传播,原本完整的信息会在传播中进一步变成带有个体主观判断甚至被扭曲、放大乃至变形的"事实",出现"以偏概全""张冠李戴"等错读误判是常见的。因此,如果缺乏有效制约,混有不实的信息传播对行业的危害可想而知。目前来看,"互联网+自媒体"已经对中国的商业生态产生了深刻的影响,但从全球范围来看,却几乎找不到可供借鉴的对标经验,因为我们在"互联网+自媒体"方面与发达国家并无太大差距,某些领域甚至处于领先地位。

这些新态势,给保险销售误导的治理带来了严峻的挑战。从行业的角度来看,可能有三个方面的工作需要进一步强化。

第一,提供高质量产品和服务的能力。如果产品和服务贴近消费者的需求、"性价比"高,销售误导的必要性就会大大降低。从国际保险业起源和发展的历史来看,保险产品和服务的生命力,首先在于能提供风险保障;之后,伴随居民财富的累积和财富综合配置需求的高涨,国际保险业开始探索整合金融服务模式,在高效的承保经营、精细化的成本控制的基础上,强化业务中的金融属性,从而得以持续发展。对中国保险业而言,做好保障主业,提升资产管理水平,让驱动行业的承保与投资"双轮"协调发展,这可能是未来的主线。

第二,提升媒介管理能力。在"互联网+自媒体"时代,无论是正面信息还是误导性信息,都会以非线性的形式在不同的社群中传播、变化。一方面,保险公司要增强对新媒介的理解能力,提升内容制作能力,更好地发挥新媒介传播的正面作用;另一方面,保险公司也要提升从广泛的媒介渠道、海量信息中获取信息的能力,及时、主动地发现问题,及早干预,发现问题及时修堵、反思问责,不断完善媒介管理机制。

第三,更为重要的是加强消费者教育。消费者对保险的不了解、不理解,是销售误导滋生的"温床",加强消费者教育无疑是对销售误导"釜底抽薪"。消费者教育是一个老生常谈的话题,但值得反复强调。其一,从客观现实来看,中华人民共和国成立后二十多年的业务空白、计划经济下政府对职工"从摇篮到坟墓"的全面保障,使中国民众对集体有着较强的依赖,自我保障意识不强,抑制了对保险的内在需求;在后来保险业的发展过程中,粗放发展模式的持续,使得"销售误导""理赔难"成为行业顽疾,行业声誉受到严重影响,从而在很大程度上影响了消费者对保险的态度。其二,过去相当长一段时间,行业对金融属性的追逐与消费者对带有金融属性产品的青睐互相加强,导致行业的业务结构偏重于金融性产品。而保险产品本身具有高度的专业性和复杂性,对很多人而言是一种"经验型"商品,往往是在成为消费者之后才对产品具有深刻的理解。因此,虽然行业在规模上取得长足的发展,但消费者的保险认知水平提升有限。其三,在"互联网+自媒体"时代,消费者很难在眼花缭乱的自媒体信息面前保持清醒的认知,要让他们在享用自媒体信息资源的过程中既不轻信盲从又不盲目排斥,必须既保持质疑精神和鉴别意识又具备评估能力,对消费者教育的要求更高。消费者教育具有很强的外部性,仅靠市场机制难以有效提供。国际经验告诉我们,以下两方面的工作不容懈怠:一是强化信息披露监管,给消费者提供准确、全面、清晰、易懂的产品信息;二是借助行业组织、监管部门乃至教育部门的力量,加强普及性保险知识教育及财经素养教育。

保险科技的应用与风险

姚 奕

2018-09-11

科技进步深刻地改变了信息流通的渠道，更改了社交平台的格局，进而对商业运营的方式也产生了巨大冲击。个人移动端应用的普及积累了大量信息，全球数据量以每五年翻一番的速度高速增长，而在信息爆炸和大数据的基础上，新的数据分析、模型构建方法的应运而生，促成机器学习、人工智能领域的蓬勃发展。

科技领域的进步渗透到商业世界的各个角落。金融稳定理事会将金融科技（FinTech）定义为"技术带来的金融创新"。金融科技创造出新的金融模式、技术应用、产品和服务等,从而对金融市场、金融机构和金融服务的提供与获取方式产生重大影响。相应地,保险这一历史悠久、运营相对保守稳健的行业也逐步适应这一新的浪潮,形成了保险科技(InsurTech)。

保险科技的特征体现在三个方面:在产品方面,提倡以消费者行为为基础进行产品设计;在服务方面,利用人工智能提高效率,并通过大数据分析提供风险预测防控服务;在运营能力方面,主要以无线方式传输和存储保险信息,并使用机器学习方式进行建模和数据分析。

在行为化产品设计和推荐方面,人工智能的一个应用是更快速地搜集和处理大量非结构性的数据与信息。例如,网页文本信息的识别抓取可以帮助保险公司绘制更详细的客户画像。理论上,可以将与客户相关的社交媒体信息、公开评论信息和投保信息整合,以更好地判断客户的收入、偏好和类型,从而给客户推荐更加合适的产品组合。同时,这一应用也可以识别客户的政治取向,甚至一定程度地预测客户的风险级别,例如是否有自杀倾向或极端风险等。

此外,物联网(Internet of Things)的应用和普及与传统的保险产品结合,可以推动以行为为基础的精准定价。这一领域的最早实践来自美国的车险市场,被保险人选择自愿安装车载记录仪,实时传送行车数据给保险公司的数据库,保险公司得以掌握被保险人的驾驶方式和风险类型,并进行精准定价、核保。在美国,家财险是一类重要的财产险产品。物联网技术使得一些保险公司可以在被保险人家中安装监测设备,实时传送数据,预防房屋漏水所造成的财产损失并辅助定价。在人寿与健康保险领域,可穿戴设备日渐普及,而且成为一种流行的"运动+社交"方式。在此基础上,一些保险公司开始涉足新产品的设计,用可穿戴设备的数据累积作为核算保费的基础。其他一些健康监测数据(如心率、血压、血糖水平),也可逐步纳入寿险的考量范围。

在提高服务效率方面,保险业已经开始使用人工智能开展一些基础性工作,例如由人工智能机器人担任客服以降低客服中心人工成本。也有一些保险公司利用人工智能机器人向客户推荐产品,并处理初级的承保和理赔信息搜集、审核工作。人工智能可以实现程序化高效识别可疑的理赔案件,并使得理赔定损人员更有效率地进行个案勘查和欺诈识别。

而保险科技能够提供的另一类已落地的服务是通过航拍图片更快地识别风险并辅助定价。在农险领域,航拍飞机能够在灾害发生后及时、快速、准确地定损,相比传统方式大大地降低了成本。在气候风险领域,依据历史数据累积对不同地区进行风险评级的模型及其应用也日渐成熟。在家财险领域,美国的一些专业化风险测度企业通过定期航拍房屋屋顶的卫星图片,对房屋维护程度进行自动评估,并据此进行风险定价。相关产品与服务也投入实际应用。

在提高运营能力方面,人工智能的一个主要分支是机器学习,即通过大量的历史数据的训练,促使机器自主学习,寻找人工无法发掘的规律和信息,从而达到更好的预测效果。美国在这方面的实践较为前沿,监管也相对宽松。在美国一些州,保险公司使用机器深度学习的定价模型进行费率测算,并获得州保险监督官协会的批准在实际运营中使用机器测算制定的费率。

科技日新月异的变化，推进保险行业不断发展，使得创新型企业得以进行多样化的产品设计、有效降低运营成本，并获得一定的竞争优势，甚至倒逼传统型企业转型。在未来智能保险业的图景中，人工智能在整个投保、理赔流程中的参与度大大提升——人工智能成为主要的客户交互接口。在承保过程中，无论人、车、房屋等具体风险标的都由智能设备链接，并通过云服务与大数据库相链，整个交易系统与记录也形成电子化链条。

为科技进步而振奋的同时，我们也应注意保险科技带来的风险。笔者认为，系统性安全风险和个人隐私泄露风险是两大主要风险。通过物联网、云存储形成的大型信息交互平台，存储着大量关于客户的消费、医疗、支付等信息。金融企业传统上就是黑客攻击的重点，保险公司的信息安全问题涉及行业发展的稳健性。这一问题的解决一方面需要依靠科技的成熟，以及行业、企业共同制定完善的风险预案；另一方面需要监管部门对风险做出预判，并在实践中逐步规范信息搜集、使用的边界，以更好地保障消费者的隐私和权益。从监管的角度看，如何准确判断、把握保险科技的发展趋势，减少监管真空期，降低监管成本和金融风险，是一项重要挑战。

自动驾驶技术对车险的影响

郑 豪

2018-12-04

自 2015 年 3 月原中国保监会颁布《关于深化商业车险条款费率管理制度改革的意见》以来,商业车险改革成为影响车险出险概率的制度性原因。与此同时,自动驾驶技术正逐渐成为影响车险出险的技术性原因。

自动驾驶,也常被人称作无人驾驶,通常采用激光雷达、摄像头、毫米波雷达作为感知工具,采用机器学习、深度学习算法处理感知工具所收集的动态路况信息生成与安全驾驶相关的指令。国际汽车工程师协会根据智能化程度,将自动驾驶分为 L0—L5 六个等级,其中 L0 代表人工驾驶,L1 代表辅助驾驶,L2 代表半自动驾驶,L3 代表高度自动驾驶,L4 代表超高度自动驾驶,L5 代表全自动驾驶。目前,以谷歌无人驾驶车为代表的 L3、L4 等级技术还处于实验和测试阶段,而以高级驾驶辅助系统(Advanced Driver Assistance System, ADAS)为代表的 L1、L2 等级技术已经成熟。笔者认为,由于技术、成本、制度等,在真正地完全无人驾驶来临之前,未来一段时间,自动驾驶技术将以 ADAS 的形态对汽车保险行业产生深远的影响。

ADAS 技术原理与完全的自动驾驶相似,但差别在于 ADAS 并不完全代替人进行决策和操作,而是通过预警的方式提醒驾驶员避免潜在事故的发生。常见的功能包括前向避撞(FCW)、车道偏离预警(LDW)、行人碰撞预警(PCW)、盲区检测预警(BSM)等,它们共同起到降低交通事故概率的作用。国际著名的 ADAS 公司 Mobileye 测试发现,ADAS 能降低 40% 左右的交通事故。在使用安装上,ADAS 既可以作为前装系统由车厂安装到新车上,也可以由车主在购车之后再购买安装到旧车上。由于技术成熟和成本下降,原来只会在高档轿车上安装的 ADAS 越来越多地出现在中低价位的车辆上。以 2018 款一汽奔腾 SENIA R9 为例,该车已经具备 FCW、LDW 等功能,而官方售价仅为 8.39 万—12.59 万元。可以预见,越来越多的车辆将安装 ADAS,它们将提供事故预警以降低汽车保险出险概率。

对于这样的趋势,笔者认为行业、保险公司和政府应引起足够重视。从定价上,笔者建议行业拓宽现存车型的定价范畴,探索深层次车型定价。目前,行业现有车型定价的依据为车辆的"零整比"。中国保险行业协会与中国汽车维修行业协会发布的汽车零整比体系包含汽车零整比系数、常用配件负担指数、保养指数,以及新增的单件零整比、喷漆工时负担指数五个部分,以综合反映消费者在购车、用车、养车过程中汽车用车成本负担的变化。样本车型是由国内保有量最大、上年度销售数量居前、品牌代表性较高的常见100个车型构成,选取规则每年调整一次,每次调整车型数量不超过15%。从零整比构成可以看出,在车险定价中使用零整比,本质上是将车型之间的差异化维修成本纳入定价范围。相比不采用车型定价,零整比的引入确实能改善车险定价的精准性,提高车险价格的公平性。但需要指出的是,这种方式并没有考虑不同车型在出险概率上的差异。在自动驾驶技术业已成熟的背景下,"是否使用ADAS""使用什么样的ADAS"客观上会使得不同车型之间的出险概率存在非常大的差异。这种差异既包括出现车辆损失的概率差异,也包括出现人员损失的概率差异,是比零整比指标更深层次的影响。所以,笔者建议行业在零整比的基础上,探索能反映不同车型出险概率差异的车型定价因子,同时根据自动驾驶技术的演进动态更新相关参数值。

对于保险公司,从风险干预的角度看,笔者认为应当鼓励未安装ADAS的投保车辆安装ADAS设备,借助自动驾驶技术降低出险概率,从而达到提高承保利润的目的。具体方式可以是在自愿原则下,鼓励车主自行安装,保险公司根据安装情况在监管规定的范围内给予一定折扣;也可以由保险公司统一采购协议安装。如果由保险公司采购和协议安装,那么还需要考虑设备的性能、性价比等因素。

　　对于政府，笔者建议可以在适当的时机，根据技术发展状态，制定相关标准并要求特定高风险车辆强制执行。车辆的行驶不仅在拥堵和污染方面有负外部性，也有因会引发交通事故而产生的负外部性，要求政府这双"看得见的手"进行干预，这在中国已有先例。2014年，为了加强道路运输车辆动态监督管理，预防和减少道路交通事故，交通运输部、公安部和国家安全生产监督管理总局共同颁布《道路运输车辆动态监督管理办法》（以下简称《办法》）。《办法》要求从2014年7月1日起，全国新进入市场的重型载货汽车和半挂牵引车必须全部安装、使用卫星定位装置，已经进入运输市场的重型载货汽车和半挂牵引车于2015年12月31日前全部安装、使用卫星定位装置，并接入全国道路货运车辆公共监管与服务平台。随着自动驾驶技术的成熟，政府可以采用类似的方式，对ADAS的使用做出规定和要求，采用自动驾驶技术管理和控制高风险车辆的出险，提高社会的风险管理能力。这样的措施不仅能降低车险的整体出险率，还能改善全社会的整体福利。

CCISSR 保险资金运用

"统一资管新规"助推保险资金运用健康发展

李心愉

2018-01-31

对于资管行业来说,2017年最大的事件莫过于"统一资管新规"的发布。2017年11月17日,中国人民银行等五部委共同发布《关于规范金融机构资产管理业务的指导意见(征求意见稿)》,针对近些年资产管理业务在快速发展过程中暴露的众多风险和主要问题,设定了统一的监管规制。这是我国资管行业首份统一监管规制,故而被业内称为"统一资管新规"。"统一资管新规"在净值型管理、打破刚性兑付、消除多层嵌套和通道、第三方独立托管等诸多方面均做出了严格的规定,对整个金融生态环境和资管各子行业的影响重大且深远。自"统一资管新规"发布以来,资管行业各子行业纷纷以此为鉴,对照自查,未雨绸缪。

众所周知,一直以来我国不同行业的金融机构开展资管业务是按照机构类型采取不同的监管规则和标准。过去几年,一方面经济下行压力加大,市场流动性相对充裕;另一方面金融创新加速,资管行业在业务、产品、结构和通道等方面的创新层出不穷。两方面因素共同推动了资管行业的蓬勃发展,连续五年保持50%以上的扩张速度,成为金融业中最璀璨的明珠。与此同时,各方金融监管相应出现放松之势。于是,一些金融机构借机采用加杠杆、加久期、降信用、产品嵌套等方式进行套利;一些资金在金融体系内空转、追逐炒作各类资产;一些金融产品杠杆高、嵌套多、链条长、结构复杂、交易不透明等,逐渐在金融领域内积聚起较大的风险。"统一资产新规"正是针对上述问题加强监管,"对症下药"。资管行业内累积的问题在保险资金运用领域中也有所蔓延。例如,有些保险机构将资金投向信托计划、银行理财等金融产品,而信托、银行等机构进而将这些资金再次投向其他金融产品,导致保险资金的真实去向模糊。此外,少数由保险机构自身发行的私募股权投资基金、股权投资计划等资管产品也不同程度地存在多层嵌套、不易看清底部资产的问题。但是,相对于其他资管子行业而言,由于保险资金运用本身固有的内在特性和"严"字当头的保险监管,这些问题并不严重。

稳健审慎是保险资金运用的传统和文化。遵循稳健投资的理念,保险资金配置于固定收益资产的比例约为80%,其中债券信用评级在AAA级和AA级以上的占比超过90%,股票股权等权益类投资则以蓝筹股为主。而在保险机构自身发行的债权投资计划、资产支持计划、股权投资计划、组合类产品等保险资管产品中,以债权投资计划为主,其中又以基础设施和不动产债权投资计划为主,基础设施等投资于债券信用评级在AAA级以上的占比超过90%。例如,2016年保险资产管理机构共注册各类资产管理产品152个,合计注册规模为3174.39亿元。其中,基础设施债权投资计划57个,注册规模为1477.53亿元;不动产债权投资计划77个,注册规模为1001.86亿元。无论是从产品数量还是从规模上,两者合计均超过70%,这些资金主要投向收益稳定、信用评级较高、风险较小的项目。

与稳健审慎的保险资金运用对应的是"防范风险"和"强化监管"的监管理念。一贯以来,中国保监会对保险资金运用都有严格的监管要求,已有的很多政策实际上与"统一资管新规"有所对接。例如,"统一资管新规"提出要穿透资产,加强功能监管,消除多层嵌套。中国保监会在《关于加强组合类保险资产管理产品业务监管的通知》中明确提出:"禁止发行具有'资金池'性质的产品";"禁止发行具有'嵌套'交易结构的产品"。"统一资管新规"对保险资金运用并未形成难以应对的新挑战,由此可见一斑。相反,由于"统一资管新规"优化了金融生态环境,将更有可能为保险资金运用的持续健康发展提供重要的战略机遇。

首先,"统一资管新规"开篇即对资产管理业务和资产管理产品进行了界定,明确指出资产管理业务是指银行、信托、证券、基金、期货、保险资产管理机构等金融机构接受投资者委托,对受托的投资者财产进行投资和管理的金融服务;资产管理产品包括但不限于银行非保本理财产品,资金信托计划,证券公司、证券公司子公司、基金管理公司、基金管理子公司、期货公司、期货公司子公司和保险资产管理机构发行的资产管理产品等,从而将保险资管正式列入了资管行业,大大地提高了保险资管机构的市场地位。

其次,"统一资管新规"以问题为导向,强调金融监管的专业性、统一性和穿透性,并在投资范围、投资比例、产品结构化设计、信息披露、投资者适应性要求、产品和业务风险控制等方面都提出了具体且明确的操作标准,极大地消除了监管套利空间,维护了金融市场秩序,为保险资管机构创造了在同一平台、同一起点上与其他金融机构公平竞争的机会,使得保险机构可以充分发挥长期以来在严格监管条件下培育出来的运用保险资金的优势和累积的经验,如成熟的大类资产配置能力、较强的追求绝对收益的能力、稳健的价值投资能力和先进科学的投资风险控制能力等。

2017年在错综复杂的国际、国内政治经济环境下,保险资金实现投资收益8 352.13亿元,投资收益率达5.77%,能够取得如此不错的成绩,与坚持稳健审慎的资金运用、坚持以防范风险为重中之重的监管密切相关。根据党的十九大、中央经济工作会议和全国金融工作会议精神,2018年防范化解风险的力度会进一步加大,资管行业将步入严监管时代,保险业严监管的力度将会更强。经过多轮讨论研究最终修订完善的《保险资金运用管理办法》已颁布,并将于2018年4月1日起实施。监管的强化和完善为保险资金运用的稳健发展和防范风险提供了坚实基础,保险资管机构应当顺势而为,在满足监管要求的前提下,加强自律,坚持合规经营,通过不断创新和革新来增强内在竞争力,从而得以最大限度地获取政策红利。

"馅饼"还是"陷阱"
——通道业务的"进"与"退"

李心愉

2018-08-07

日前中国银保监会连发6封监管函,针对六家保险机构存在的保险资金运用违规行为进行了通报。6封监管函中有1封涉及保险资管机构违规开展存款通道类业务45笔,同时让渡组合类保险资产管理产品的管理人资格,形成实质上的转委托。在监管部门加强去嵌套、去杠杆和去通道的大背景下,在原中国保监会早就反复三番、三令五申明确禁止保险资管机构提供通道服务和受托资金转委托服务的情态下,为什么仍有保险机构铤而走险违规开展通道业务？究其原因，表面上无非是利益驱动、侥幸心理、压力所迫等，实质上还是源于对通道业务的风险隐患缺乏深刻的认识。

通道业务是中国金融业分业经营、牌照管理背景下产生的特殊业态，最初是商业银行通过信托公司对限制性的行业和融资人发放贷款，以解决表内额度限制的一种形式。在这种形式下，信托公司无须承担主动管理职责和风险，却可以收取一笔通道费，使得信托通道价值凸显。2008—2012年，在银信合作、信政合作、货币紧缩环境下融资需求的三方推动下，通道类业务在信托行业高速发展的黄金时期中扮演了重要角色。凭借在通道业务上的排他性，信托资产规模迅速膨胀。2012年下半年，中国证监会和中国保监会接连出台措施，逐步放开资管市场，鼓励券商与基金子公司开展通道业务。随着保险"新政"的实施及"泛资管"时代的到来，保险资管公司将与银行合作通道业务并作为投资的一种渠道，主要合作模式是存款类通道模式和信贷类通道业务，加入与信托、券商及基金子公司进行同质化竞争的队伍。

由此可见，通道业务作为一定历史阶段的产物，其产生和发展存在一定的必然性和合理性，也起过一定的积极作用。通道业务之所以能够从无发展到万亿元的规模，其根源在于银行、非银和实体企业间存在利益的契合点。银行经由支付低廉的通道费可以规避监管，合法借道腾挪资金，间接扩大投资规模；通道提供方可以收取通道费，快速增规模、赚利差；融资方则可以打开新的融资渠道，满足具一定难度的融资需求。也正因为如此，在监管部门几乎全面禁止通道业务的当下，仍有某些业内人士对再度放开通道业务心存幻想。根据媒体的一些采访报道，某些资管业内人士认为对通道业务的监管不会是一种常态,预计后期随着资管机构这类业务的逐渐成熟,可能会继续放开。显然,如果作为通道提供方的金融机构不能从思想上彻底认识通道业务模式的隐性危害,而仅仅是被动地迫于监管压力,那么市场中出现通道业务屡禁不止的现象也就不足为怪了。

事实上,无论是从宏观层面还是从微观层面看,通道业务模式的隐性风险都是不容忽视的,发展前景令人堪忧。

从宏观层面看,规模庞大的通道业务将会加大金融市场的运行风险。首先,通道业务是为商业银行表内外资产腾挪、进行监管套利而产生和兴起的,最重要的特征就是规避监管。以通道业务提供服务的金融服务,往往针对难以达到监管要求的融资。为了规避监管和满足资金委托人的要求,通道业务通常需要设计复杂的产品结构和层层嵌套的资产管理模式。这种错综复杂的业务结构一方面使得资管机构偏离了资金托管的本业,逐渐成为金融机构躲避监管的新融资平台;另一方面会使得监管部门和资金委托人很难通过单一通道产品的运作情况穿透底层资产,判断该产品是否存在风险,而提供通道服务的机构自身却不承担资产管理业务风险和投资回报的责任。风险与收益的不匹配、交易结构层次的增加、信息披露的不透明,导致规模庞大的通道业务暗礁丛生,风险传染性大大增强。随着风险隐患的逐渐累加,极易诱发市场波动和流动性危机,进而产生系统性风险。其次,从事通道业务的金融机构均要收取通道费,在多层嵌套的资产管理业务链条中,层层通道服务费最终都将转嫁给实体经济,从而间接地提高了实体企业的融资成本。同时,延长的资金链条还会降低金融支持实体经济的效率。再次,通道业务还会加重资金空转现象。例如,银行吸纳理财资金,通过层层嵌套包装的资管计划再将资金投入企业,由于理财产品久期短且收益率稳定,企业也倾向于将部分充裕资金投资理财产品,致使资金又回流到银行,从而出现资金在金融体系内空转的现象,而资金空转只会加速金融机构资产负债表的膨胀,形成虚假的金融市场繁华景象。最后,通道业务还可能造成金融运行整体风险储备不足。资本充足约束的核心是限制金融杠杆的无节制使用,但与通道业务相关的金融机构却无须为通道业务相关资产准备资本,也无须提取风险准备,导致大量通道业务最终演化成为影子银行,而金融体系的资本和拨备规模却不足以覆盖金融体系全部业务的风险。

从微观层面看,通道业务的不当使用对金融机构自身的长期发展同样将产生不利的影响。

资产管理行业的实质是"受人之托,代客理财",价值管理和风险管理是其核心价值。价值管理是要让受托资产取得收益,保值增值;风险管理是要将资产损失的可能性控制在资金所有者可以承受的范围内。价值管理和风险管理的水平是资管机构的核心竞争能力,是其长期发展的根基。然而,通道业务既不要求资管机构负责资产管理业务的风险,也不要求资管机构具体承担资产管理回报的责任,资管机构只需凭借自身在通道业务上的排他性即可获取收益。倘若将精力和资源过多地投入到通道业务中,虽然短期内可以获得业绩的提升和规模的快速增长,但长此下去,会使得资管机构偏离主业并逐渐丧失主动管理资产和业务创新的能力。此外,通道的资管业务所具有的依赖上游、模式雷同的特征,使得各机构间提供的通道服务具有很强的替代性，而同质性竞争的加剧终将导致成本上升、利润降低。在竞争加剧的情况下，为了争夺客户，资管机构甚至可能为满足客户不合理的需求而明修栈道、暗度陈仓，进行违规操作，助长了违规经营、投机取巧的不正风气。

因此，无论是从防范系统性风险的大局来看，还是从资管机构自身的发展而言，收缩通道业务、回归主动管理将是大势所趋。对此，监管部门的态度十分鲜明。早在2016年6月1日，中国保监会就已经向各保险资管公司下发《中国保监会关于清理规范保险资产管理公司通道业务有关事项的通知》，要求保险资管公司清理规范银行存款通道业务，限制通道业务，防范监管套利。2018年1月，中国保监会在修订保险资金运用管理办法时，明确提出禁止受托资金转委托和提供通道服务等行为。在这样的行业发展大趋势和监管背景下，保险资管究竟该何去何从、如何作为已无须赘言。

险资参与化解股票质押风险可双赢

李心愉

2018-11-01

2018年10月25日，中国银保监会发布了《关于保险资产管理公司设立专项产品有关事项的通知》（以下简称《通知》）。《通知》指出，为发挥保险资金长期稳健投资的优势，允许保险资产管理公司设立专项产品，参与化解上市公司股票质押流动性风险，为优质上市公司和民营企业提供长期融资支持。《通知》表明了银保监管部门雷厉风行地坚决贯彻落实党中央、国务院"六稳"要求的态度和政策导向，同时也为保险资金提供了重大的机遇。

最近一段时间以来，受国际国内诸多宏观因素叠加的影响，我国股市出现了明显的波动和下滑。股市的持续下滑导致近千只被大股东质押股权的公司股价跌破质押预警线，近600只跌破平仓线，近10只控股股东质押股份被强制平仓，股权质押融资风险凸显。股权质押融资涉及金融市场多方主体，它一端连着金融机构，另一端连着股票二级市场投资者，同时还与实体经济个体密切相连。股价跌破质押预警线将造成大股东资金流动性紧张，倘若大股东股票在二级市场被强行平仓，则可能造成上市公司实际控制权转移或没有实际控制人的局面，对公司的生产经营业务将产生不利影响。由于上市公司在实体经济产业链中通常居于核心地位，一旦出现经营问题就很有可能进一步影响产业链上下游的其他企业。有鉴于此，股权质押可能带来的流动性风险如同高悬的达摩克利斯之剑，使得整个股票市场笼罩上恐慌的情绪。尽管经济增长、就业、物价、国际收支、企业利润、财政收入、劳动生产率等主要指标所显示的我国经济运行总体状况均处于合理区间，平稳操作的货币政策、初见成效的金融结构性去杠杆和趋于理性的机构投资行为等均表明我国的金融体系整体处于稳健状态，但股市仍然出现与经济和金融发展基本面严重脱节的现象。一方面，由于通过宏观流动性宽松难以在短期内缓解股权质押带来的流动性紧张；另一方面，由于股权质押杠杆率较高、涉及面较大，靠市场力量出清不易。因此，从防范金融风险角度看，必须阻止股权质押风险继续扩散。银保监管部门以化解股权质押流动性风险问题为抓手和切入点，对于纾解当前市场恐慌情绪、维护金融市场安全无疑将起到牵一发而动全身的效果。

保险公司作为金融市场上重要的机构投资者,秉承长期投资、价值投资、稳健投资的投资理念,具有引导市场理性投资、稳定股票价格和优化资源配置的责任与义务。与其他资金相比,保险资金规模大、周期长,具有追求长期、安全、稳定回报的内在要求,因此在保险资金的大类资产配置中,权益投资因长期平均收益率较高而成为重要的收益来源。通过设立专项产品形式,保险资金为那些因股权质押而暂时出现流动性困难但有前景、有市场、有技术优势的优质上市公司及其股东提供长期资金支持。这既是对实体经济的支持,也有利于稳定市场预期,维护金融市场安全,同时还可达到扩展权益投资空间、获取较高资金增值的效果,从而实现经济效益和社会效益"双赢"的局面。据悉,某大型保险公司已经完成参与化解上市公司股权质押风险专项产品的储备工作,目前正在走流程,在履行完相关程序后将很快面世,有望成为首只险资专项产品。

需要强调的是,若要让经济效益和社会效益"双赢"真正得以落实,保险资金在参与化解上市公司股票质押流动性风险时,首先必须加强自身的风险防范意识,坚守价值投资理念。按照《通知》的要求,保险资产管理公司应采取设立专项产品而非直接购买特定股票的方式参与化解股权质押流动性风险。专项产品的投资范围主要包括上市公司股票、上市公司及其股东公开发行的债券和非公开发行的可交换债券等,并采取股东受让、上市公司回购、大宗交易与协议转让等方式平稳退出。采取专项产品的方式入市,可以防止直接交易中某些保险机构利用政策放开做出短期频繁买卖、大额投资等非理性行为,避免出现与政策目标背道而驰,不仅不能起到稳定市场市场的作用,反而扰乱市场、增大股市波动的结果。由于专项产品的规模数据可以随时掌握,在执行过程中若有一些疏漏事宜,监管层也可以即时发现并干预,通过窗口指导等方式即时修正。这相当于为保险资金自身的安全性及其发挥资本市场"压舱石"和"稳定器"的作用安装了一道前置的风险管控。采用专项产品的方式入市虽然可以避免上述问题,但要真正实现社会效益和经济效益"双赢",还需要保险资产管理机构根据《通知》要求的投资范围设计出有吸引力的组合类专项产品。虽然对于那些满足《通知》要求资质的保险资管公司而言,组合类资管产品已是一种较为成熟的业务(目前组合类保险资管产品规模已达数千亿元),但是如何设计出具有合理封闭期和产品存续期、可有效控制各类风险、能获得稳定收益并实现平稳退出的组合产品仍然颇具挑战性。例如,现在的资管产品大多是净值型的,而保险资金往往更加青睐有固定保证收益的产品。如果参与化解股票质押风险的专项产品能够解决好净值波动的问题,产品就有吸引力;如果能够在产品组合中更多地包括质押盘里有较高固定分红的股票,也将有益于产品形成稳定收益。因此,保险公司应综合考虑自身实际,自主审慎地选择投资标的,在组合产品的构成、形式等方面有所创新。

当前中国经济仍处于"三期叠加"阶段,一些上市公司和民营企业面临暂时的困难,但公司质量正在改善。另外,股市的调整和出清,以及各级政府部门和"一行三会"正在陆续出台的一系列有针对性的改革措施等,都为股市的长期健康发展创造了良好的投资机会。从全球资产配置来看,中国正在成为最有投资价值的市场。保险资金应把握机遇、敢于担当、快速行动、不负众望,充分发挥保险资金长期稳健的投资优势,在推动中国股市的健康发展中做出应有的贡献。

CCISSR 社会保障与保险

发展完善多层次多主体的健康扶贫

姚奕

2018-03-14

刚刚召开的两会所发布的政府工作报告，将精准扶贫、精准脱贫放入了下一年工作的重要议程。精准扶贫是现阶段政府最重要、最紧迫的任务之一，是实现十九大提出的第一个百年奋斗目标的重点任务，也是保障全体国民共享经济发展成果的重要举措。迄今为止，脱贫工作已取得重大进展，贫困发生率降至3.1%，但余留的脱贫任务也格外艰巨。习近平主席在2018年2月召开的打好精准脱贫攻坚战座谈会上指出，我国目前仍有3 000多万贫困人口，脱贫任务艰巨,必须提高脱贫质量并聚焦深度贫困地区。由此,近期扶贫工作进一步从以开发式扶贫为主向开发式扶贫与保障式扶贫并重转变。

健康扶贫正是保障式扶贫的主要组成部分。根据国务院扶贫办发布的数据,我国贫困人口致贫返贫的首要原因是因病致贫,占比高达42%。大量研究表明收入会影响预期寿命,而健康水平作为人力资本的重要组成部分,直接影响生产力和收入水平。因而,推动健康扶贫是实现精准扶贫、为低收入人群提供必要保障的重要途径。在发展这一战略的过程中,笔者认为应当继续发展和完善多层次的健康扶贫战略,并提倡和鼓励多主体参与健康扶贫工程。

我国现有的健康扶贫战略是政策逐步累加形成的,以基本医保为基础、大病保险为延伸、扶贫保险为补充、小额保险为合力,具有多层次的特征。

2009年全面实行的农村新型合作医疗(简称"新农合")可被视作针对农村人口的基础健康保障,从根本上起到了广泛覆盖、初步保障的作用。2015年年底,全国参加新农合人数为6.7亿,参合率高达98.8%。新农合政策范围内,住院费用支付比例达到75%左右,基金最高支付限额达到当地农民人均可支配收入6倍以上。新农合的覆盖人群范围广,但出于筹资水平的限制,保障力度相对有限。

为了提高保障水平、缩小居民医保与职工医保在保障力度上的差距,尤其是防止居民因大病而致贫返贫,2012年我国针对城镇居民医保(简称"城居保")和新农合参保人推出了大病保险制度。在不额外单独收取保费的前提下,通过商业保险公司经办的方式,引入市场机制,提高运行效率,减轻居民大病负担,并规定大病报销比例不低于50%。大病保险可视作是对基本医疗保险的延展和补充。

随着党的十八大、十八届三中全会和五中全会要求"建立更加公平可持续的社会保障制度"和"健全全民医保体系",我国城居保和新农合并轨方案从2013年开始酝酿并逐步推进,截至目前全国已基本完成并轨工作,形成统一的城乡居民基本医疗保险(简称"城乡居保")。城乡居保在并轨过程中,基本秉承就高不就低的原则,进一步缩小了原有的城镇居民和农村居民在用药目录、报销水平、起付线方面的差距,消除了政策层面造成的城乡二元结构差异,进一步减轻了农村居民的医疗费用负担。

2016年,在基本医疗保险的基础上,各地开始大面积推广扶贫保险,以期实现精准扶贫的目标。扶贫保险是针对贫困地区与贫困人口不同的致贫原因和脱贫需求,分类开发、量身定制保险产品与服务。目前,扶贫保险大都采用政府付费、商业保险公司经办的模式,为各地建档立卡人员以及民政低保、五保人员购买。保险的扶贫功能主要表现在两个方面:其一在保障性方面,保险能有针对性地兜住贫困人口相关生产生活风险,防止因病、因灾、因意外而致贫返贫;其二在开发性方面,保险能撬动和整合扶贫资源,为低收入人口融资提供保障和抵押,进而辅助造血功能,推动脱贫。

在具体发展模式方面,比较有特点的地区试点包括江西赣州的贫困人口基本医保、大病保险、扶贫补充医疗保险和民政医疗救助"四道医疗保障线"模式,云南昭通的"特困人群医疗救助扶贫保险"模式,宁夏"脱贫保"全覆盖模式,河南兰考"脱贫路上零风险"综合扶贫保障模式等。这些模式可以大致分为农险扶贫、健康扶贫、保障补位扶贫、产业扶贫和投资扶贫等多条路径。

此外,由商业保险公司经办的针对低收入人群的保险产品还包括小额保险。小额保险的概念是在1999年首次由国际劳工组织正式提出。在过去二十多年内,小额保险在亚洲、非洲和拉丁美洲蓬勃发展,获得广泛传播和重视,多国出台针对小额保险的专门监管法案以推动这一产品发展,促进金融普惠和减贫脱贫。瑞士再保险Sigma报告估计,全球平均收入水平低于2美元/天的低收入人口规模高达40亿人,这是一个具有广阔前景的特定市场。我国于2007年加入国际保险监督官协会与贫困人口服务小组联合成立的小额保险工作组,并从2008年开始试点,自2012年全面推广小额人身保险。截至2012年,小额人身保险已覆盖包括农村居民、进城务工人员在内共计3 200万人,成为商业保险公司参与健康扶贫的重要途径。

多层次的健康扶贫战略可以有效地拾遗补缺,并促成政府与市场的合理分工。在基本医疗保险、大病保险、扶贫保险和小额保险这一体系序列中,政府的作用逐渐弱化,而市场的力量得到释放。政府全面主导基本医疗保险,但也充分利用市场机制,将商业保险公司引入经办大病保险和扶贫保险,借助商业保险机构的经办能力、资源和信息化技术有效地分散风险、减小贫困发生率。而小额健康保险是商业保险公司经营的一类产品,政府予以税费减免和政策支持,能够充分利用企业的自主性,助其发展个性化、区域化的定制产品。

健康扶贫战略是一项惠及民生的重点工程,政府应进一步吸引和鼓励包括商业保险公司、医疗服务提供方、民政、扶贫等多主体的参与。多主体各司其职,贡献合力,在制度设计方面有效协调,相应分配基本医疗保险、大病保险、扶贫补充保险和民政救助、小额保险等,使得各部分资金的利用充分合理、相互配合,共同完成扶贫减贫的任务。为基层卫生所和医院提供资金支持和完善人员配备,以确保农村居民的就诊权利和就医质量。

各个相关主体的权责应明确,防止出现相互掣肘、权利职责相互交叉的现象,让保险公司拥有相应的话语权,在产品的设计、管理、控费方面发挥更大的作用。比如,在具体经办模式上,建议考虑让同一家保险公司同时经办某一地区的大病保险和扶贫保险,以有效降低管理费用和减少报销核销步骤,以大病保险的规模效益牵引保险公司经办扶贫保险的动力,实现可持续的公私合作"双赢"模式。

居民养老的新选择：税收递延型商业养老保险

秦 云

2018-05-29

近日，中国银保监会联合财政部、人社部和国税总局发布了《个人税收递延型商业养老保险产品开发指引》，随后印发了《个人税收递延型商业养老保险业务管理暂行办法》（以下简称《暂行办法》）及《个人税收递延型商业养老年金保险产品示范条款》等，明确了个人税收递延型商业养老保险业务（以下简称"税延养老险"）的实施细节和管理办法。自2018年5月1日起，上海市、福建省（含厦门市）和苏州工业园区率先开展税延养老险的试点工作，试点地区个人购买税延养老险的支出在当月收入的6%和1000元孰低的限额内予以税前扣除,待领取时再征收个人所得税。相关政策的落地和先期试点的展开,表明千呼万唤的税延养老险已经从理论设想走向现实,这对完善我国多层次养老保险体系,减轻个人、企业乃至全社会的养老压力意义重大。

税延养老险严格上来说同样属于养老保险体系第三支柱,在我国老龄化程度日益加深的背景下,发展税延养老险对缓解居民年轻时期的缴费压力、实现养老成本的代际传递至关重要。相较于基本养老保险和企业/职业年金计划,税延养老险是一种自愿性质的储蓄性养老计划,参保人通过保险公司建立税延养老保险计划,在计划内完成产品选择、交费、查询、转换、领取等操作。税延养老险允许投保人在缴费期以税前收入支付保费,等到领取期获得保险金时再缴纳个人所得税。参保人退休后的收入通常大幅低于退休前,因此税延养老险计划能减轻参保人购买保险时的税负,从而吸引参保人积极参与该计划,以积极应对未来的养老压力。

从《暂行办法》的规定可以看出,开展税延养老险业务对保险公司经营、产品管理、销售管理、业务管理、投资管理、信息平台管理、服务管理、信息披露及监督管理等方面都做出了严格的要求,这就使得除了个人税收递延这个直接减轻投保人经济负担的政策红利,区别于其他商业养老保险产品,税延养老险还有其他的巨大优势,主要表现在以下几方面:

第一,安全性高。《暂行办法》明确了保险公司经营税延养老险业务需要满足的条件,涵盖公司注册资本金、偿付能力、经营经验、人员配置、网络服务等内容,规定税延养老险产品应当以"收益稳健、长期锁定、终身领取、精算平衡"为原则,满足参保人对养老资金安全性、收益性和长期性的管理要求,既要减轻参保人在养老金累积期的投资风险,又要帮助参保人在领取期有效应对长寿风险,确保投保人活到老、领到老。这使得参保人利益受到最大限度的保护,减少购买税延养老险的后顾之忧。

第二,保险属性强。《暂行办法》规定保险公司向参保人提供终身领取、领取期限不少于15年的长期领取等领取方式。由于人的短视心理和逆向选择,许多参保人会希望在领取期将资金一次性提取,以期尽快收回成本,但是这种非年金化的领取方式无法体现保险转移长寿风险的功能,参保人可能在人生后半程因资金耗竭而陷入老年贫困。年金化的领取方式是保险区别于普通投资产品的主要特点,也是保险功能得以发挥的重要环节。税延养老险规定的"终身领取""长期领取"的领取方式,决定了参保人在领取期可以尽可能地实现年金化的领取,避免因不理性行为而导致保险风险转移功能失灵。

第三,产品便于选择。为了满足不同类型参保人的需求,税延养老险按照积累期养老资金收益类型的不同,分为收益确定型、收益保底型、收益浮动型三类。其中,收益浮动型为风险相对较高的产品类型,由于年龄越大,风险承受能力越低,《暂行办法》明确规定保险公司不得向年龄超过55周岁的人销售。不同产品的种类划分比较明确,保证了不同参保群体可以选择与自己风险类型相匹配的产品,保障参保人风险可控。

第四,转换方式灵活。税延养老险规定参保人在开始领取养老年金前可进行产品转换,包括同一保险公司内的产品转换或跨保险公司的产品转换,给了参保人产品选择权和产品转换权。这使得参保人的选择变多,并且可以随时根据市场上的产品状况进行调整。同时,这也意味着竞争机制被引入税延养老险市场,劣质产品会在这个动态过程中不断被淘汰出局,不用参保人为之埋单,保证参保人的利益不受损。

税延养老险的推出,使得我国居民养老方式增加了新的选择,也带来了商业养老保险的发展契机。同时也应看到,未来税延养老险市场面临诸多挑战。首先,由于产品转换权的存在,税延养老险会使保险公司之间的竞争加剧。这就要求保险公司在未来的发展中,提高自身的创新意识和服务意识,提升保险产品和服务的质量,引入新型保险销售手段,降低服务成本,提升保障力度,从而在竞争中获得一席之地。其次,税延养老险产品从累积期到领取期的时间跨度很长,如何在较长的服务周期中不断地进行产品的升级和维护,以及保险公司自身的风险管控,这些都是保险公司未来需要关注的问题。再次,税收递延是推广税延养老险的重要手段,如何利用好税收递延政策非常重要。未来税收优惠力度还应根据市场状况不断调整,找寻最匹配的路径。

税延养老险的推出,进一步完善了我国"三支柱"养老保险体系,给居民养老安排提供了新的选择。作为一种自愿性和灵活性都很强的补充型养老计划,税延养老险具有极为广阔的市场空间。我们相信,相关政策的完善和保险市场的发展,不但能撬动庞大的商业养老保险市场,还能显著提升居民的养老水平,使居民养老方式发生革命性的变化。

中国的房产是养老金的良好替代品吗?

段志明

2018-06-06

在世界各国,房产通常是居民家庭资产的重要组成部分。作为一种长期性资产,房产在风险属性等方面接近于养老金,因而在家庭资产的配置决策中,房产投资在一定程度上扮演着养老储蓄的角色,即作为养老金的主要替代品。近些年在国内逐渐兴起的"以房养老"方式,在美英等发达国家已经作为一种成熟的养老方式而普遍存在,直接证明房产作为养老金替代品的作用。

房产的替代作用对于丰富养老资产品种、

提高居民福利水平具有积极意义;然而,这并不意味着房产可以过度替代甚至完全替代养老金——如果居民家庭过度依靠房产养老,就很可能造成房产与养老金市场的失衡,进而可能造成两个市场的"双输"。

在现实经济中,房产对养老金的过度替代并非不可能,甚至往往难以避免。如果不考虑税收等因素,房产甚至是相比养老金更为优质的投资标的。由于养老金需要持有至退休,而房产的交易通常没有时间限制,房产相比养老金具有明显的流动性优势,因此居民家庭倾向于将房产作为最优的投资选择,直接后果是房产投资可能部分甚至完全挤出养老储蓄,造成养老金市场不断收缩,从而养老需求的转嫁将相应地推动房产市场的快速扩张。因此,在不存在明显的政策干预的情形下,居民家庭对房产的青睐很可能导致房产市场对养老金市场形成绝对优势,进而房产对养老金形成过度替代。

从经济学的角度看,房产对养老金的过度替代并不一定是非理性的投资行为,至少符合不同资产间的自由竞争和优胜劣汰。然而,如果分别考虑房产市场和养老金市场的固有属性,过度替代的现象显然是值得警惕的。首先,从房产市场的视角看,房产本身具有稀缺性的特性,如果过多的养老需求被转嫁给房产市场,就会导致房产价格快速上涨,在人口老龄化的背景下,社会总体养老需求的快速膨胀将对房产价格产生推波助澜的作用,极端情形下将形成严重的价格泡沫。这一结果显然不利于房产市场乃至经济体系的安全、可持续发展。其次,从养老金市场的视角看,养老资产的第一要义在于安全性,资产的保值增值固然重要,但是必须遵从安全性的基本前提,这是大部分养老基金选择信用等级较高的标的资产并进行分散投资的主要原因。然而，如果养老储蓄过度转嫁给房产，将导致房产在养老资产中占比过大，甚至作为单一资产存在，在房产价格存在泡沫的情形下，这一资产配置结果显然与养老储蓄的安全性原则相悖。最终，房产对养老金的过度替代将导致两个市场"双输"。值得注意的是，在美国市场中，房地产信托投资基金（REITs）一直是养老基金众多标的资产中收益最高的一类，养老金投资也是美国房产市场稳定发展的重要因素，但这并不能证伪房产过度替代养老金导致两个市场"双输"的结论；相反，这恰恰说明如果适度和适量地发挥房产的替代作用，将推动养老金和房产市场形成"双赢"的局面。

相比于发达国家的市场，我国居民家庭的资产构成明显向房产倾斜，致使养老金资产的累积严重不足，说明房产已经对养老金形成了过度替代。根据海通证券的统计，2017年我国城乡居民的养老金和房产的价值分别为8.5万亿元和280万亿元，分别占当年GDP（82万亿元）的10%和340%，房产价值接近于养老金价值的33倍；相比之下，2017年美国居民的养老金和房产的价值分别为30万亿美元和27万亿美元，分别占当年GDP（19.369万亿美元）的150%和140%，房产价值仅为养老金价值的90%。我国居民的房产价值占养老金资产价值的比例远远超过美国，说明房产和养老金市场发展失衡的问题相当严重，房产对养老金的过度替代程度已达较高水平。我国在这一背景下发展的"以房养老"产业，与其说是顺应国际潮流创新养老资产的品种，不如说是为平衡房产和养老金市场的"曲线救国"政策。

如上所述,过度替代问题将造成房产市场与养老金市场的"双输",这一结果在我国当前的经济状态下已略见端倪。不同于大多数国家的是,过度替代问题还可能在我国引发更加严重的经济和社会问题,即加剧城乡居民的贫富差距。一方面,我国农村居民在养老保障方面相比城镇居民本就处于劣势。2017年,城镇职工基本养老保险的人均养老金收入为3.45万元/年,而城乡居民基本养老保险的人均养老金收入仅为0.15万元/年,前者的主要参保人为城镇居民,农村居民则主要投保于后者,这说明城乡居民在养老待遇方面差距巨大。另一方面,房产已经成为造成我国城乡居民贫富差距的重要原因。在我国城镇化的过程中,农村居民不仅要承受工农业产品之间巨大的剪刀差,还要向城市输送数以亿计的廉价劳动力,从而推动城镇化水平的快速提高;城镇化直接导致城镇地区房产价格水涨船高,这显然为广大的城镇居民带来巨大的财产性收入,而农村居民仅能获得一定的劳动性收入。2017年,在我国居民持有的价值280万亿元的房产中,农村居民占有的份额仅为40万亿元,这显然与城乡人口的分布是不相匹配的。在这一状况下,如果继续放任房产市场对养老金市场的挤压,城乡居民之间的养老待遇和收入差距将进一步拉大,后果不堪设想。

为了我国国民经济的健康发展,必须采取措施改变房产市场和养老金市场失衡的现状,以解决房产对养老金过度替代的问题。笔者认为,导致这一现状的原因有两方面:第一,我国经济结构失衡导致房地产市场本身发展过热,居民对房产的投资情绪长期不理性,甚至加杠杆进行投机,对养老储蓄形成了挤出效应;第二,我国缺乏针对养老金产业的税收优惠政策,使得养老金相对房产投资在流动性方面的劣势被不断放大,从而降低了养老金投资价值。解决养老金过度替代问题的措施需要从以上两方面的原因出发。针对第一方面的原因,我国应当坚定地推行技术创新、科技强国,推动国民经济结构的不断优化,发掘房地产以外的经济增长动力,避免居民对房产市场的过度投资。这是一个长期、艰难的过程,但也是从根本上改变这一问题的唯一举措。针对第二方面的原因,我国应当提高养老金相对于房产的税收优势,在一定程度上抵消养老金在流动性方面的劣势,从而提高养老金投资价值。提高养老金的税收优势可以从两方面着手:第一,针对养老储蓄推行税收优惠政策,我国近期推出的个人所得税递延型商业养老保险正是这一思路的重要实践;第二,针对房产推行房产税,美国等发达国家针对房产的投机行为之所以受到抑制,很大一部分原因在于高额的税费,包括房产税和物业费等。

税收递延型商业养老保险试点迈出关键一步

陈 凯

2018-07-06

2018年5月,在酝酿了十余年之后,我国终于决定开展个人税收递延型商业养老保险试点,试点地区选在上海市、福建省(含厦门市)和苏州工业园区,试点期限暂定一年。这意味着我国三支柱的养老保障体系进一步完善。对于个人而言,在已有的社会基本养老保险和企业补充年金之外,还将拥有一个商业养老保险账户,相关的缴费将享受税收递延的优惠。目前已经陆陆续续有许多保险公司推出相应的养老保险产品,并在试点省市开售。这一政策的出台，对于中国居民未来养老保障具有划时代的意义。

税收递延型商业养老保险实质上仍是一种商业养老保险，即在退休前缴费，保费进入个人专用账户进行投资，在退休时按年或按月领取。但它与传统养老保险的区别在于，所需缴纳的保费为税前扣除，计入该账户的投资收益也暂不征收个人所得税，等到领取商业养老金时再征收。这样，对于纳税人而言，现阶段可以减轻缴税负担，领取时所缴纳的税金相比现阶段也会少很多；同时，还帮助个人养成为退休储蓄的习惯。

我国目前的养老保险体系主要分为三大支柱。第一支柱是社会基本养老保险，由国家统筹收取和支付，其中又分为城镇企业职工基本养老保险和城乡居民基本养老保险。根据人社部发布的2017年度统计公报的数据，截至2017年年底，全国参加基本养老保险的人数为91 548万，基金累计结余为50 202亿元。其中，城镇职工基本养老保险的参保人数为40 293万，基金累计结余为43 885亿元。第二支柱是企业补充年金，截至2017年年底，全国共有8.04万户企业建立了企业年金，参保职工人数为2 331万，基金累计结余为12 880亿元。第三支柱是个人商业养老保险，发展一直比较缓慢，规模也较难估计。目前我国人身险市场的主要产品为分红险和万能险等投资产品，商业养老保险业务占比相对较小。

从上述数据不难看出，我国养老保险体系中目前面临的主要问题是：基本养老保险占比过大，基金存在巨大的可持续压力；企业年金覆盖面太小，基金累积金额不够；个人商业养老保险规模太小。可以说，此次税收递延型商业养老保险试点是完善我国养老保险体系非常关键的一环。

首先,从社会层面看,我国的养老保险体系自1997年改革以来,始终存在一条腿走路的问题。基本养老保险所占比例过大,第二、第三支柱一直无法给予有效的补充。在老龄化问题加剧的背景下,基本养老保险的资金压力越来越大,可持续性受到严重的挑战。税收递延型商业养老保险的推出,完善了我国现有的三支柱体系。虽然短期内仍然无法改变现有的问题,但可以给基本养老保险制度改革提供时间和空间,有助于我国养老保险体系的顶层设计。

其次,从公司层面看,我国人身保险公司目前大多以分红险和万能险产品为主,保障型产品不足,其中一个问题是缺乏对长期的死亡风险的对冲手段,造成纯保障型产品价格较高,吸引力不足。因此,保险公司只能将销售重点转向分红险和万能险等具有较强投资性质的产品,由此产生了一些社会争议。而养老保险对保障型产品而言具有天然的对冲特征,可以用长寿风险化解死亡风险,有利于保险公司提高偿付能力。

最后,从个人层面看,虽然本次试点只开放了三个省市,税前可购买保险的保费也不超过1 000元,但这是一个良好的开端。一方面给个人降低了税负,另一方面为个人提供了一个定存的机会。中国银保监会有关负责人表示,无论参保人退休后生存多久,本人或其继承人都能够将退休时个人账户中累积的资金领完;即使参保人领取的钱超出退休时个人账户累积的资金总额,只要其仍然生存,保险公司仍会按照保险合同约定的固定标准给付养老年金直至其身故。这相当于帮助个人转移死亡风险,使其获得较为稳定的退休收入。

根据欧美等国家的经验,除政府以外,企业和个人必须在未来养老中扮演重要的角色,因此此次税收递延型养老保险试点具有非常重大的意义。养老保险具有长期稳定的现金流,是质量非常好的资产。适当的养老金投资策略可以稳定资本市场环境,完善资本市场。以20世纪80年代的美国为例,养老保险的兴起支持股权投资基金的发展,起到稳定器的作用。而稳定的资本市场又可以为养老保险的投资提供保值增值的途径。在试点的过程中,也要关注养老保险产品的收益水平和投资风险。作为一种为养老而设计的金融产品,投资期限较长,如何能保持一个长期稳定的收益率是大家最为关心的问题。在目前的制度中,按照累积期养老资金收益类型的不同,税收递延型养老保险产品包括三类产品:收益确定型产品、收益保底型产品(分为每月结算和每季度结算)、收益浮动型产品。这三类产品所对应的投资风险从低到高,收益水平也相应提升。一个具有合理收益和风险的产品才会具有较好的持续性,可以给不同风险偏好的投资者提供更多的选择空间。

税收递延型养老保险试点迈出了我国养老保险体制改革的第一步,也是很关键的一步。如果未来能够向全国推广,并且提高税收优惠幅度和基金投资收益水平,那么一定会给我国居民提供一个新的养老选择。同时,投资机构可以将有稳定现金流的养老保险保费投到中国的优秀企业和实体经济,而不是频繁炒作短线热点。如此这般,中国经济的未来会更有希望!

税收递延型商业养老保险需要关注四个问题

郑 伟

2018-07-10

税收递延型商业养老保险(简称税延养老险)是一件利国利民的好事,欲将好事办好,需要前瞻性地研究税延养老险的发展可能面临的一些问题。这里讨论税延养老险的四个问题:税收制度、消费者教育、政府监管、部门利益超越。

税延养老险的税收制度。税延养老险的重要政策支持在于"税收递延",其核心价值在于"税收优惠"。需要注意的是,其一,"税收递延"并不必然等于"税收优惠"。比如,在缴费期收入低的人群,如果未达到免征额,那么参加税延养老险不仅不能享受税收优惠,反而还会增大纳税负担,因为我们实行的是EET模式,在领取期是需要纳税的。又如,如果在领取期适用的个人所得税税率高于在缴费期适用的税率,那么这种"税收递延"是不能带来"税收优惠"的。因此,我们应当考虑如何完善税延养老险相关税收制度,以便更广大群众特别是中低收入人群也能享受税延养老险的税收优惠。其二,"当前税收优惠"并不必然等于"未来税收优惠"。养老保险安排是"长周期"的,所谓"年轻时做年老时的打算",在这一长周期内,税收制度不可能一成不变。比如,当前我国的个人所得税收制度正在改革调整,未来几十年必然还会进一步改革调整,具有不可避免的"变化性"。这种"变化性"如何与"长周期"相适应,以守住"不发生参保人税收优惠预期落空风险"这一底线,保证政府承诺的税收优惠在几十年之后能够如期兑现,这是一个涉及千家万户、事关政府公信力的重大问题,需要提前谋划、设计和安排。

税延养老险的消费者教育。税延养老险是一种较为复杂的产品,既涉及保险,又涉及税收;既涉及缴费和投资累积,又涉及养老年金领取;既涉及收益,又涉及风险。对于这种复杂产品,普通消费者(参保人)知之甚少,因此无论怎样强调税延养老险"消费者教育"的重要性都不为过。在这方面,当前我们的工作是相对缺失的,国际上有一些经验值得借鉴。以英国为例,英国政府在普及宣传个人养老金的知识和政策方面可谓费尽心思。在英国,政府开设"个人养老金"专题网站,向公众详述有关个人养老金的各种知识、政策和指南;同时还开设"智慧养老金"专题网站,针对个人养老金选择提供免费且无偏的政府指南。此外,政府还支持建立养老金咨询服务和财务咨询服务的网站,提供包括个人养老金在内的免费且无偏的咨询建议。在这些网站中,政府一方面宣传个人养老金的重要性,普及相关基础知识和政策信息;另一方面在网站相应部分还设有养老金计算器,消费者输入相应的信息即可计算获知未来个人养老金的给付金额。如果选择购买年金保险,网站还可以给出符合条件的保险公司的报价,消费者可以对比选择。这些网站由政府直接开设或支持建立,权威性强、可信度高,对于促进公众全面了解个人养老金产品的相对利弊、利用个人养老金提高养老保障的整体水平具有积极的意义。在中国,在税延养老险消费者教育方面,我们还有大量艰苦细致的工作要做,而且要持之以恒地长期做下去。

税延养老险的政府监管。税延养老险虽然不像第一支柱那样由政府提供,而是由商业机构提供的,但这并不意味着政府责任的减轻。正如著名经济学家 Nicholas Barr 和 Peter Diamond 指出的,"如果认为因为私人养老金由私人部门提供,就减轻了政府对养老金的责任,这个观点是根本错误的"。在第一支柱中,政府扮演的是"替代市场"的角色;在第三支柱中,政府扮演的是"监管市场"的角色。虽然"监管市场"的角色与"替代市场"不同,但并不意味着责任更轻。在第三支柱中,税延养老险更为特殊,它既属于一种商业产品,遵循市场规律,又属于一种政策性产品,有政府的政策鼓励支持,甚至具有某种"信用加持"的意义。因此,对于税延养老险,相关政府部门应执行高质量的专业监管,切实保护参保人的合法权益。2018 年 5 月,中国银保监会印发《个人税收递延型商业养老保险业务管理暂行办法》,在经营要求、产品管理、销售管理、业务管理、投资管理、财务管理、信息平台管理、服务管理、信息披露、监督管理等方面做出了具体规定,发布了税优养老保险"产品开发指引"和"产品示范条款",近日还印发了《个人税收递延型商业养老保险资金运用管理暂行办法》。政府两个月来的诸多举措,体现了负责任的政府监管精神,令人称道点赞。与此同时,从长远看,这些监管举措能否落实到位、能否切实取得保护参保人合法权益的效果,最终还得以"参保人满意不满意"作为根本评判标准。

税延养老险的部门利益超越。税延养老险在试点期间仅针对保险业,下一步可能扩展至银行业和基金业,涉及多个行业和部门。在讨论如何发展税延养老险时,必须始终牢记一点,我们发展税延养老险的"初心"不是为了发展某一个行业,而是为了通过税收政策支持,撬动更多个人和家庭的养老资源投入,更好地同国家一起构建多层次的养老保险体系,以应对长寿风险和人口老龄化的严峻挑战。因此,从这个视角看,对于税延养老险的发展,我们要超越行业和部门利益,要"不忘初心"。具体而言,在税延养老险的两个阶段,我们应当围绕初心,强调不同的重点。在积累期,我们应当强调"长期投资收益",即从缴费至退休,在风险可控的前提下,尽可能多地获得养老账户的长期投资收益;在领取期,我们应当强调"长寿风险管理",即对有效管理因长寿而使财务资源枯竭的风险。顺着这个逻辑往下推,一方面在积累期,我们应当秉持"开放"的理念,保险、银行、基金等金融机构都可以参与税延养老险的投资累积,同台竞技。至于中国税延养老险的未来发展方向究竟是"保险化""银行化"还是"基金化",那要由市场竞争、由消费者"用脚投票"的选择来决定。另一方面在领取期,我们应当秉持"专业"的理念,既然发展税延养老险的初心是为了应对长寿风险和人口老龄化的挑战，那么养老金的领取就应当实质性地鼓励实行"终身领取"，以更好地解决长寿风险和人口老龄化的问题，因此在领取期，"终身领取"或"养老年金保险"应当是合适的选择。有些行业和部门在谈及税延养老时，刻意回避"保险"一词，其实大可不必。税延养老险如果没有"保险"的支撑，想让它成为多层次养老保险体系的重要组成，成为应对人口老龄化的有效工具，那是"痴人说梦"。当然，在实行"终身领取"时，前述"消费者教育"和"政府监管"必须同步跟上，否则可能发生事与愿违的结果。

砥砺前行，完善制度
——大病保险五年回眸

周新发

2018-08-23

习近平总书记在十九大报告中提出，"坚持在发展中保障和改善民生，多谋民生之利，多解民生之忧，在发展中补齐民生短板"。完善统一的城乡居民基本医疗保险制度和大病保险制度，就是切实补齐我国医疗保险制度的短板。让人人享有充分的医疗保障，是《"健康中国2030"规划纲要》的重要内容，也是解决"看病贵"和"看病难"问题、避免人们"因病致贫"和"因病返贫"的关键一着，有利于减轻广大百姓尤其是城乡中低收入群体的医疗负担，有利于实现精准扶贫。

回顾我国医疗保障制度的发展历程,改革开放四十多年来,在原来计划经济体制下的医疗保障制度解体后,我国不断深化医药卫生体制改革和医疗保障制度创新,初步建立覆盖城乡的基本医疗保障体系。1998年,我国开始推出面向城市中正式就业人员的城镇职工医疗保险;2003年,开始面向广大农民群体试点新型农村合作医疗保险;2007年,我国开始试点城镇居民基本医疗保险。截至2017年,我国三大基本医疗保障制度参保人数已经超过13亿,社会医疗保障已经基本覆盖全民。

然而,目前我国三大基本医疗保障制度发展不充分、不平衡的局面依然存在,三大医疗保障制度存在较大差异。相比于城镇职工医疗保险,城居保和新农合保障的对象是一些收入水平较低的相对弱势的群体,从而使得这两类医疗保险的筹资标准从一开始就低于城镇职工医疗保险,导致上述两种基本医疗保险只能是低保障水平的全覆盖。相对于城镇职工医疗保险,城居保和新农合不仅医疗保险筹资标准不高,在医疗保险报销比例和报销范围等方面的差距也很大。以报销比例为例,城镇居民住院服务的实际报销率只有60%,农村居民住院服务的实际报销率则低于50%,而城镇职工医疗保险住院服务的报销率则在80%以上。与城镇职工基本医疗保险相比,城居保和新农合的保障水平偏低。但是,在疾病面前,"人人平等",低保障水平的城居保和新农合,使得参加这两类医疗保险的群体在面临大病时根本难以承担动辄几万元的药费、十几万元甚至几十万元的手术费。尤其在低报销比例的前提下,许多患者和家庭"因病致贫""因病返贫"时有发生。

为了提升城镇居民医疗保险和新农合参保者应对大病冲击风险的能力,减轻这两类群体的医疗负担,2012年8月24日,国家发改委、卫生部、财政部、人社部、民政部、中国保监会等六部委发布《关于开展城乡居民大病保险工作的指导意见》,明确针对城居保和新农合参保(合)大病负担重的情况,引入市场机制,建立大病保险制度。2013年,我国参与大病保险的试点地区基本采取"免费"参保方式,保险资金来自居民医保筹集资金或历年结余基金,不需参保人员额外缴费。

大病保险制度由政府举办,引入商业保险机制参与社会医疗保险制度建设,把社会保障与商业保险相结合,这是持续深化医疗改革的重大创新。大病保险制度的承保对象、资金来源、报销比例和运作模式的基本特征如表1所示。大病保险制度充分发挥商业保险的专业性和技术优势,通过"二次报销"显著减少患者的医疗负担,从而有效地防止发生家庭灾难性医疗支出,是提高我国中低收入群体医疗保障水平和显著提升城乡居民医疗保障公平性的制度创新。

表1 大病保险制度设计的基本特征

内容	特征
承保对象	大病保险保障对象为城居保、新农合的参保(合)人
资金来源	从城镇居民医保基金、新农合基金中划出,不再额外增大群众个人缴费负担
报销比例	大病保险,其实就是对城居保和新农合参保人的"二次报销"。通过大病保险切实减轻城乡居民的大病负担,大病保险实际报销比例不低于50%
运作模式	与基本医疗保险由政府主导的运作模式不同,城乡居民大病保险由政府以招投标方式向商业型保险机构购买,保险机构作为第三方负责具体运作

截至 2017 年,大病保险已经基本覆盖全国,大病保险已经给千千万万的大病患者和家庭提供了很强的医疗保障功能,减轻了这些群体的医疗负担。展望未来,大病保险制度的发展和完善是一个不断满足群众医疗需求、完善我国多层次医疗保险体制的过程。只有不忘初心,砥砺前行,才能探索出适合我国当下经济社会发展状况的城乡居民大病保险保障制度。

第一,明确基本医疗保险和大病保险的责任边界。大病保险制度在试点过程中需要不断完善制度设计,调整合理的筹资方式、报销比例及费用控制方式。由于在大病保险制度设计之初,筹资资金来自城居保和新农合,客观上分流了部分基本医疗保险的资金,一定程度地影响了城居保和新农合两类基本医疗保险的保障水平。如何合理地界定大病保险"二次补偿"的资金来源和承保责任,实现当初大病保险制度设计的初衷,我们应当进一步根据大病保险的运行实践,加强城居保、新农合两类基本医疗保险与大病保险运行数据的精算和研究,完善大病保险制度运行的精算基础,厘清两类基本医疗保险和大病保险的责任边界。

第二,完善制度设计,防范大病保险过程中的道德风险。无论是具有基本保险的延伸性特征的大病保险还是完全的商业保险,防范道德风险都是重中之重。只有准确界定"大病""大病保险"等核心概念,设计合理方案,从而保证大病保险的可持续性。我们应该采取明确的方式,比如在国家层面制定大病保险的病种目录,规定 20 种或者 40 种大病病种目录。在国家大病保险病种目录的前提下,各省、直辖市、自治区可以在目录范围内根据地方现状酌情调整,确保参保人的大病能够得到合理、有效的治疗,避免"小病大养""挂床"等道德风险,从而减少医疗资源浪费,最大限度地发挥大病保险的作用。

第三,完善大病保险配套制度及相关政策。大病保险作为城居保和新农合的补充,其具有的准公共产品性质决定了这项工作需要调动政府、参保者、医疗服务提供方和保险公司等社会各方面力量共同参与,完善相关配套制度。在完善大病保险制度设计的同时,我们还可以充分利用财政机制、救助机制及再保险机制解决医疗费用补偿问题。此外,我们还应考虑大病保险制度设计的可延展性,充分重视人口老龄化趋势下健康管理和健康服务的可持续性,统筹规划长期护理、健康养老等相关制度安排。当条件成熟时,建立国家和省、直辖市、自治区统一联网的社会医疗信息系统平台,支持保险机构对大病保险医院和医疗费用进行信息化管理。

"以房养老"发展困境背后的疑虑

刘子宁

2018-08-28

我国是世界上老龄人口规模最大的国家，也是老龄化速度最快的国家之一。据联合国人口司预测，2030年我国65周岁以上老年人口将达到3.6亿人，2050年将突破6.0亿人。而受到家庭小型化和少子化的影响，老年抚养比（65岁及以上人口与15—64岁人口的比率×100%）由1990年的8.1%升至2017年的16.1%，人口、资源与经济发展的内在矛盾冲突给现行的中国养老保障制度带来了挑战。

一个健全的养老保障体系由社会基本养老

保险、企业补充养老保险和个人储蓄养老保险三大支柱组成,多支柱的体系共同保障了老年人的生活。而如今单纯靠政府提供的基本养老保险或不足以让老年人度过一个体面且温饱的晚年,企业补充养老保险的发展也一直停滞不前,在这种严峻的养老形势下,我国对个人储蓄养老保险进行了有益的探索,"养儿防老,不如以房养老""年轻时人养房,年老时房养人"等以房养老的观念越来越频繁地出现在大众视野中。

"以房养老"就是指老年人在退休后将自己的房产抵押给保险公司、银行等金融机构,以换取一笔可观的养老金,完成房屋资产与流动资产之间的相互转换,通过优化资产配置来达到个人终身效用的最大化。同时,老年人还能享受经抵押权人同意的处置权,比如房屋占有、使用、收益等权利,但等老年人去世后,房子就归属抵押权方。本质上,"以房养老"就是年金化个人的房屋资产。作为第一支柱和第二支柱的有效补充养老形式,"以房养老"观念在许多发达国家已经形成成熟的发展体系,那么,"以房养老"在我国是否有发展潜力?发展现状如何?

从理论角度看,"以房养老"在我国具有发展潜力。笔者曾通过中国健康与养老追踪调查2013年数据计算了我国社会基本养老保险和企业补充养老保险的替代率(养老金与退休前收入的比值),发现人均替代率水平远远低于充足的替代率水平(70%)。但考虑年金化个人的资产后,尤其是年金化个人房屋资产,可以将替代率提高到70%,大大提升了老年人的生活保障水平。房屋资产占中国家庭总资产的比例居高不下,该研究考虑年金化房屋资产作为养老资源的补充,表明"以房养老"具有一定的发展潜力,可以大大减轻社会的养老压力。

我们在考察"以房养老"的发展现状时,却发现和理论相差甚远。2014年7月,中国保监会在北京、上海、广州、武汉正式开展老年人住房反向抵押养老保险试点;2016年7月,中国保监会决定将试点范围扩大至各直辖市、省会城市、计划单列市以及江苏、浙江、山东、广东的部分地级市。但截至2018年6月底,虽有多家保险公司获得了"以房养老"保险试点资格,但只有幸福人寿开展了业务,也只有98户家庭139位老人完成了承保手续,市场反应冷淡。我国自有住房率本来就很高,盘活房产是补充养老资源的有效途径之一,"以房养老"不仅有助于改善老年人生活,还是房屋回收的一种手段。"以房养老"应该是契合市场需求的,但在国内市场的发展一直遭遇困境。

笔者认为,"以房养老"的发展之所以面临困境,是因为供给端和需求端对"以房养老"存在各种疑虑。

从供给端来看,主要有三个因素抑制了保险业参与"以房养老"。第一,利率波动和经济周期等市场不确定因素导致"以房养老"市场走向扑朔迷离,没有真正的适合中国的房价估值模式;第二,预期寿命的不确定性给"以房养老"产品的研发和创新带来难度;第三,以房养老的社会信用尚未确立,短期内反向抵押产品暂时没有保费流入,而是持续地支出,保险公司的参与热情较低。

从需求端来看,也有三个因素抑制了人们对于"以房养老"的需求。第一,房屋在中国首先是代际的情感传承工具,在传统的家庭养老背景下,老年人更希望把房子留给后代;第二,购房需求在中国一直处于高涨的状态,居民对房价上涨的期望普遍较高,相应地降低了老年人参与"以房养老"的热情;第三,老年人的金融知识有限,部分地区的"以房养老"诈骗案频发,国内目前对"以房养老"的市场监管和产品创新难以消除老年人对这类新型产品的质疑,多数老年人对产品的可信度持观望状态。

笔者认为,若要推动"以房养老"市场的发展,还是需要政府出面予以支持。首先,政府要出台相应的法律法规监管市场,引导市场产品创新以满足多元化的需求。比如在房主去世后,继承人既可以选择还清金融机构所欠贷款以重新获得房屋产权,也可以选择放弃房屋的产权;同时金融机构通过销售、出租或拍卖所得来偿还贷款本息,得到贷款价值的剩余房屋价值转移给继承人。在需求端,政府也要加强对消费者金融知识的普及。比如借鉴美国联邦房屋管理机构保护老年消费者的方法,由专业的咨询师解释"以房养老"产品的养老金领取方法、法律知识、房屋到期的处置方式等运行机制,消除人们对"以房养老"的质疑。

合理定价的"以房养老"产品既能给保险公司带来一定的利益,还能弥补养老金的不足,契合市场供求双方的利益。虽然目前"以房养老"市场在国内推行受阻,较长时期内难以发展成为成熟的体系,但不代表无发展潜力,也许"以房养老"在未来可以作为解决社会养老压力的一个可行方案。

社保征缴划归税务可加强社保公平性

陈 凯

2018-09-04

2018年7月20日,国务院办公厅印发了《国税地税征管体制改革方案》,明确了从2019年1月1日起,将基本养老保险费、基本医疗保险费、失业保险费、工伤保险费、生育保险费等各项社会保险费交由税务部门统一征收。也就是说,我们经常说的"五险一金"中的五种社会保险保险费的缴纳将由社保部门改为税务部门征收。一石激起千层浪,社会各方对这一举措的看法不一,有人认为这样会加重企业税负并影响经济发展,有人认为这样会更好地落实社会保险费收缴工作。那么,这个改革方案究竟是好事还是坏事?对普通老百姓会有什么影响呢?

我们先来看一下目前社会保险的基本情况。2017年年度人力资源和社会保障事业发展统计公报显示,年末五项社会保险基金收入合计为67154亿元,支出为57145亿元,目前收入水平仍高于支出水平。分项来看,除了受到二胎放开影响的生育保险基金收入低于基金支出,其他几项的基金收入略高于基金支出,而且相比上一年的基金收入增长率也都大于基金收入支出。这样看来,目前我国社会基本保险的收入和支出基本平衡,短期并不会出现入不敷出的问题。但是,如果仔细看基金收入的构成就会发现,一些问题已经显现。以城镇职工基本养老保险为例,虽然2017年总的基金收入为43310亿元,但其中的征缴收入只有33403亿元,另有各级财政补贴基本养老保险基金8004亿元,而2017年总的基金总支出为38052亿元。也就是说,如果没有各级的财政补贴,城镇职工基本养老保险缴费已经无法支付。随着我国老龄化问题的加剧,其他一些社会保险也可能出现类似问题,保险基金的偿付能力将遭受极大的考验。

我们再来看看造成基金入不敷出的主要原因。社会保险是一种再分配制度,强制一部分人群(主要是在职人员)缴纳保费而形成社会保险基金,再根据需求,在满足一定条件的情况下从基金中给付被保险人。社会保险可以维持社会稳定,有利于实现社会公平,但同时也受到社会人口结构的制约。因此,当人口老龄化加剧时,部分人的缴费可能会无力承担社会保险基金的支出压力,造成入不敷出的状况。在我国目前的社会保险体系下,老龄化带来的人口结构变化会造成潜在的社会保险基金缺口和偿付压力,这是不可避免的。除了人口结构变化的原因,社会保险基金还存在遵缴率偏低和缴费基数低的问题。所谓遵缴率是指缴费人员占参保人员的比例。我国近年来为了提高社会居民的福利保障,大力推广社会保险,覆盖面逐年增大。大部分的社会保险已经接近全民百分之百覆盖,这对社会的稳定发展是十分必要的。但同时,由于我国非正常退休人数不断上升,造成部分地区间遵缴率逐年下降,于是就造成前面提到的养老保险基金的支出增长率大于收入增长率。这使得财政补贴规模越来越大,不利于社会保险的财务可持续性。造成基金入不敷出的另外一个原因是缴费基数低。我国社会保险保费的确定是根据社会平均工资确定的,按照各省份职工上一年度 1—12 月所有工资性收入所得的月平均额确定。社保缴纳基数一般基于社会平均工资的 40%—300%,具体数额根据各地区实际情况而定。然而,部分企业或个人会隐瞒实际的工资收入水平,并参考最低标准缴纳社保保费。这大大地影响了社会保险基金的收入。

因此,综合来看,人口老龄化造成的人口结构变化、遵缴率偏低和缴费基数过低等共同作用,影响了我国社会保险基金的收支平衡。

当社会保险的保费征缴划归税务部门之后,一定会严格地制定并执行缴费基数,根据企业职工的实际收入水平进行保费征缴。无论是从掌握信息的程度还是从征管能力上来看,税务部门都是远远优于人社局的。因此在社保缴费划归税务之后,必然会严格监管企业和个人的收入水平,之前社会保险不合规缴纳的状况将迎来全面的监管,一些不给员工缴纳社保或者按照最低基数缴纳社保的企业可能会被查处,甚至一些地方会追缴补缴。严格征缴虽然会对部分企业和个人造成短期的阵痛,但对我国整个社会保险体系的可持续性是一个大大的利好,可以加强社会保险的公平性。

当然,一些人认为此举将增大企业负担的担忧也不无道理。尽管最近几年我国的社会保险费率一直在下降,但费率下降的绝对力度并不大,社会保险的总体费率仍然不低;再加上住房公积金和其他的增值税、所得税等税费,造成企业用人成本过高,给企业带来了沉重的负担。这必会影响企业未来的发展和经营活动,影响我国经济发展。税负过重也是很多中小企业瞒报个人收入的原因之一,希望借此能适当降低用人成本。此外,严格执行缴费基数和提高遵缴率必然会减少一部分人的实际收入,但对于大多数人而言,征缴主体的改变并不会影响个人的实际收入。

综上所述,此次将社会保险的保费征缴工作划归税务部门对我国社会保险体系而言是一件好事。社会保险基金的收入会有所增加,提高了社会保险的财务可持续性,有利于社会稳定。但对于部分中小企业和个人而言,这也许不是什么好消息。用人成本和生活成本会有一定程度的提升,甚至可能会致使部分企业破产。因此,在社会保险的保费划归税务部门征收的同时,还要进一步考虑我国目前所处的形势、社会经济水平及居民生活水平等多个方面。尤其是在当前经济下行和贸易战的大背景下,我们建议采取适当降低社会保险费率等配套措施,在解决社会保险可持续问题和增大企业税收负担之间寻求一个更适合的平衡点。

老龄化进程中的不平等问题

贾 若

2018-10-16

中国老年人口快速增长,60周岁以上老年人口2020年将达到2.5亿人,2025年将突破3亿人。老龄化问题给中国家庭和社会带来了多方面的挑战。国务院2017年出台《"十三五"国家老龄事业发展和养老体系建设规划》,重点提到要建立多支柱、全覆盖、更公平、更可持续的老年人社会保障体系。可以说老年人社会保障的建设阶段,已经由从无到有的初创阶段发展到从有到更公平、更可持续的精细化管理和调整阶段。如何为老年人提供一个更公平的养老保障体系,是"十三五"养老保障体系建设的重点之一。

老年人不平等问题因何而来? 中国老年人的不平等问题主要表现在以下三个方面。

第一,城乡差异。长期以来,城乡二元经济结构导致经济和金融资源分配不平衡,城乡居民收入差距较大,这种收入差距随年龄累积,形成放大的财富差距,进而延续到老年期的养老资源不平等。此外,城乡二元户籍制度一定程度上把农村劳动力固定在农业和非正式部门,进而形成二元分割的社会养老保险体制——城镇职工基本养老保险(含企业职工和机关事业单位职工)和城乡居民基本养老保险,两种基本养老保险制度待遇的差异,导致城镇职工享受的养老保障福利远远高于农村劳动力和城镇非正式部门劳动力(比如农民工)。这种差异体现在养老金替代率上,城镇职工的基本养老金替代率平均可达55%左右,而城乡居民的基本养老金替代率平均仅为10%—20%,远远低于城镇职工。

第二,不同居住方式带来的差异。在多层次社会养老保障体系尚未完善的今天,家庭扶养对老年人的生活质量仍然有至关重要的作用。在独居、与配偶居住、与成年子女居住和隔代居住(比如与未成年的孙子女)等不同居住方式下,老年人享受到的照顾和生活质量差异很大。很多老年人因为没有被纳入高保障水平的养老保障体系,在很大程度上还要依靠家庭养老来维持体面的老年生活。一般认为,与成年子女居住能够享受更高的老年生活水平。

第三,世代差异。随着老龄化问题日趋严重,不同出生世代群体所面临的养老压力也不相同。相对年轻的退休者面临的养老压力,远远大于退休多年的高龄者。这种差异也同样体现在基本养老金替代率水平的变化上。20 世纪末的城镇企业职工养老金替代率可以维持在平均 70% 以上,但之后呈逐年下降趋势;近年来,城镇职工养老金替代率的平均水平已降至 55% 左右。此外,计划生育给刚刚退休世代的老年人依靠家庭养老带来了严峻挑战,他们可能不仅无法依靠子女养老,甚至还需要帮子女分担高昂的生活成本和房价。独生子女和少子化使得相对年轻世代的老年人普遍无法享受子孙满堂、养儿防老的历史福利。

针对上述养老保障水平差异所导致的老年人不平等问题,笔者认为可以从以下两个方面政策着手缓解老年人不平等问题:

第一,尽快完善多收入来源的养老保障体系。老年人的收入一般来自政府、雇主、个人和家庭四个方面。目前中国基本养老保险制度已经基本实现"全覆盖、保基本"的目标,家庭在养老保障体系中也一直扮演着重要角色。但雇主和个人在养老保障体系中的作用较弱,企业年金制度目前只覆盖了全国大约 7% 的职工,而个人商业养老保险也一直非常小众,二者在老年人收入替代率中的贡献微不足道。一方面,政策应当鼓励企业积极为职工建立企业年金账户,西方发达国家雇主在居民养老保障中通常发挥不可替代的重要作用,以美国为代表的一些国家,企业年金更是居民养老金收入的主要来源。另一方面,政策应当激励商业保险公司积极参与承接和管理企业年金和商业养老保险。在社会保险费率居高不下的今天,以税收优惠的方式,适当向雇主和个人转移部分原本由基本养老金贡献的收入替代率,一方面可以缓解税收过高的压力,另一方面有助于解决基本养老金一支柱独大、未来给付高峰时捉襟见肘的问题。

第二,逐步统筹城镇职工和城乡居民基本养老保险制度。制度分割是造成老年人收入不平等问题的首要因素。目前这两个制度的待遇差异巨大,并非一朝一夕可以合并的,但当务之急是设计出未来十年左右(即养老金给付高峰到来前)合并两个制度的可行路径和方案。这个根本问题是否有可能在城镇化加速、退休年龄延迟、养老基金全国统筹的制度改革过程中逐步得到化解、解决,需要进一步研究。从农民工返乡或者进城后两个制度之间的转移接续着手,是一个很好的开始;但合并过渡方案的顶层设计,亟待深入研究和广泛讨论,以逐步达成社会共识。

基本医疗保险整合：背景、历程和挑战

王瀚洋

2019-01-03

2016年，国务院出台《关于整合城乡居民基本医疗保险制度的意见》，要求推进城居保和新农合制度整合，统一部门管理、筹资政策、覆盖范围、保障待遇、医保目录等，逐步在全国范围内建立起统一的城乡居民医疗保险制度。截至2016年10月，天津、上海、浙江等20个省份针对城乡居民医疗保险并轨做出部署或全面实现整合。2018年，国家成立医疗保障局，统管全国的医疗保障事业，包括城镇职工和城乡居民基本医疗保险，解决了人社部和卫生部分别管理的顽疾,进一步推动了医疗保险整合进程。2016—2018年,一个覆盖亿万城乡居民的基本医疗保险体系正在形成,中国基本医疗保险整合正式进入"下半场"。

在中国,长期以来,基本医疗保险体系包括城镇职工基本医疗保险(以下简称"城职保")、城镇居民基本医疗保险(以下简称"城居保")和新型农村合作医疗(以下简称"新农合")三个部分。三大制度分割运行,待遇悬殊,具体表现在两方面:一是各个制度相互封闭,较难流动,按照户籍(城乡)、就业(劳动者与居民)、行业性质(公务员与普通劳动者)等标准划分;二是各个统筹单位封闭运行,目前中国医疗保险基金主要在县级统筹,个别地区在市级统筹,全国共有2 000多个统筹单位分别封闭运行。因此,医疗保险呈现"碎片化"的特征,待遇水平和保障力度在城乡、区域、不同群体之间存在明显的差异。

而基本医疗保险的整合,对居民、医疗服务供方和医保基金这一医疗体系的三角大有裨益。首先,从居民来说,整合的基本医疗保险可以提升受益公平性。北京大学经济学院风险管理与保险学系姚奕教授基于2010年中国家庭动态跟踪调查数据发现,新农合参保人员的住院率和医保报销费用显著低于城职保和城居保的参保人员。城职保的次均报销费用为6 529元,实际报销比为64.7%,这两项都是三个制度中最高的;城居保略低于城职保,而新农合的次均报销费用和报销比均大幅低于其他两个制度,次均报销费用仅为2 950元,相应的实际报销比为46.4%。如果整合基本医疗保险,配合缴费和报销水平的改革,可以发挥社会医疗保险的收入再分配作用,提升基本医疗保险的公平性。其次,从医疗服务供方来说,整合的基本医疗保险可以促进自由竞争,提升市场效率。整合的基本医疗保险降低了异地就医的成本,释放了患者对更优质医疗服务的需求,反过来提升了医疗服务供方市场的竞争程度,倒逼供方提升服务质量、调整服务价格、优化市场资源配置、提升整体效率。最后,对于医疗保险基金,整合的基本医疗保险可以淘汰冗余的部门和人员,降低基金管理费用,提升基金管理效率。此外,整合的基本医疗保险意味着更大的风险池,可以提高基金的风险分担能力和运营能力。

整合基本医疗保险一般从城居保和新农合开始,因为它们的筹资来源和水平相对接近。整合时会统一行政管理部门,共享信息系统,合并风险池,统一报销方式和医保支付方式,山东东营、浙江金华、湖南长沙、江苏泰州等地区都有城居保和新农合整合的成功实践。有些地区会直接整合三大医疗保险,整合时采取简化医疗保险类型转移手续、自由选择报销水平的手段,但是这些地区往往选择整合医疗保险管理机构而非基金池。这种不完全的整合不利于提升居民受益公平性,促进供方市场自由竞争,提升基金的风险分担能力。

除此之外,基本医疗保险的整合还面临很多挑战:一是如何将城职保和城乡居民基本医疗保险(城居保和新农合的整合)整合起来。因为职工医疗保险的筹资方式和报销水平与居民医保存在显著差异,三者合并的话是否会产生新的风险和成本,这需要重新评估。二是除了横向整合,纵向的统筹层次也非常关键。换句话说,省级统筹、市级统筹还是县级统筹,受现有管理水平和财政能力的制约。三是面对一个新的整合的基本医疗保险,缴费和报销水平、医疗保险支付方式、医疗保险基金管理方式等细节需要重新设计。

　　一个分割的医疗保险体系不利于居民公平补偿、医疗保险基金运行和医疗服务供方市场的充分竞争,基本医疗保险的整合是2020年前实现全民医疗保险覆盖的必经之路。而整合的过程中,除了制度设计的挑战,充足且高质量的医疗服务供方是关键环节。如何发展培育充足、高质量的医疗服务提供者并激发他们提供服务的积极性?这应当成为医疗保险整合"下半场"的主题。